Jeanne Hersch · Die Hoffnung, Mensch zu sein

Jeanne Hersch

Die Hoffnung, Mensch zu sein

Essays

Benziger

Aus dem Französischen übersetzt von Helmut Kossoldo
und Elisabeth Tschopp.
Für die Verwendung der folgenden Beiträge danken
wir den Originalverlegern: *Le pluralisme culturel*
(aus: Gymnasium Helveticum 26, 1972, fasc. 6, Verlag
Sauerländer, Aarau); *Ordre moral et liberté* (aus:
Revue de Théologie et de Philosophie, Lausanne 1975/II);
Reflexions philosophique sur la responsabilité pénale
(aus: Revue internationale de Criminologie et de Police
technique, Vol. 18, Nr. 3/4 1964, Genève 1965); *Über
die Schulreform* (erschienen unter dem Titel »Zur
Grundfrage: Sinn und Unsinn der Gesamtschule«
in: Gesamtschule, UTB 140, Verlag Paul Haupt, Bern);
La responsabilité du savant (aus: Hugo Aebi und
Viktor Gorgé, Herausgeber, »Die Verantwortung
des Wissenschafters« in: Berner Universitätsschriften,
Heft 19, Verlag Paul Haupt, Bern 1976); *La Suisse
et les droits de l'homme* (Zeitschrift für schweizerisches
Recht, Band 93, 1974, I. Halbband, Heft 3/4, Verlag
Helbing & Lichtenhahn, Basel).
Die vorliegende Auswahl wurde im Einverständnis
mit der Autorin zusammengestellt. Auswahl und
Gesamtredaktion Renate Nagel.
© 1976 Jeanne Hersch.

3. Auflage 1982, 12. Tausend

Inhalt

Der Philosoph und die Politik

Seit Jahrtausenden pocht der Philosoph an die Grenzen menschlichen Erkenntnisvermögens. Er tastet sich in der Dunkelheit voran und sucht Halt an den allzu glatten Felswänden der Tautologien: Das Seiende ist, der Wert gilt, das Absolute ist das Nichtrelative. So pocht er an diese Wände und horcht sie auf einen Hohlraum ab, der eine Öffnung ins Jenseitige vermuten ließe. Er spricht, weniger um etwas zu sagen, als um der Veränderung in seiner eigenen Stimme zu lauschen, wenn sie aus jenem Bereich zu ihm zurückhallt, der dem Menschen verschlossen bleibt, und den zu erreichen er sich immer wieder versagt und zugleich doch bemüht.

Und während er so handelt, ist er nicht allein, sondern Glied einer Gemeinschaft. Die anderen stehen etwas verwirrt um ihn herum, beobachten ihn verstohlen, selbst wenn sie so tun, als sei er nicht da. Und er spricht für sie, zu ihnen, selbst wenn er sich mit Einsamkeit und Geheimnis umgibt.

Was er ihnen sagt, ist von merkwürdiger Nutzlosigkeit. Niemals erteilt er den Rat, den sie so bitter benötigen, um sich aus ihren Schwierigkeiten zu befreien. Er scheint ihre heimlichen Geständnisse kaum zu beachten, er spricht sie weder frei noch verurteilt er sie. Und wenn er vom Menschen spricht, so scheint er sich nie auf einen von ihnen, sondern stets auf einen andern zu beziehen, den niemand je erblickt hat.

Und doch ist es nicht so, als sei er nicht da. Seine Stimme ist vernehmbar. Die Machthaber fürchten ihn, schmeicheln ihm und drohen ihm. Es ist, als sei er mit irgend etwas Verborgenem und Unzerstörbarem im Bunde – unzerstörbarer als sie selbst –, mit etwas hinter dem unschuldsvollen Blau des

Himmels, jenseits des Einerleis des Geschichtsablaufs Verborgenem, dem er Wort und Stimme verleiht. Aber was? Und wem?

Es ist klar, daß er fordert. Immer, wenn es so bequem wäre, sich ruhig den Verworrenheiten des Lebens zu überlassen, allerlei verschwommene Zusammenhänge zu spinnen, deren Undurchsichtigkeit dem Schicksal, der gesellschaftlichen oder geschichtlichen Notwendigkeit ein Alibi verschafft, wo alle jene Mutlosen «so ist es eben» den in Unschuld entsagen Wollenden den Verzicht vereinfachen könnten, taucht plötzlich dieser Spielverderber auf und fängt an zu unterscheiden: Hier ist das Gegebene, dort das Mögliche der ewigen Werte; hier die Vergangenheit, der wir ins Auge sehen müssen, dort die Zukunft, die zwar von der Vergangenheit – aber auch von der furchtgebietenden Gegenwart, jenem «jetzt und hier», abhängt, wo der Mensch Verantwortung trägt und entscheidet –, selbst wenn er sich halbherzig damit begnügt, keine Entscheidung zu treffen.

Die Staaten und Völker mogeln sich von Notbehelf zu Notbehelf, um im Laufe der Zeiten zu überdauern, um ihrer Ordnung inmitten all der Kräfte, die sich an ihre Stelle setzen wollen, das Überleben zu sichern. Der Philosoph aber hört nie auf, die Mittel von den Zwecken zu trennen und sie mit Hilfe eines anderen Maßes, das kein Maß mehr ist, weil es absolut ist, wieder in Beziehung zu bringen.

Daraus geht hervor, daß die Zeit des Philosophen sehr stark gegliedert ist. Das «Absolute», auf das er sich bezieht, erstreckt sich nicht gleichartig über die drei zeitlichen Dimensionen. Die Vergangenheit ist Gegenstand der Erkenntnis; sie läßt sich beschreiben und erklären. Die Zukunft ist Gegenstand der Hoffnung; sie läßt sich erdenken und vorausplanen. Die Gegenwart aber ist nicht Gegenstand; sie ist unmittelbares Dasein, Ort der Begegnung.

Nun hat aber das unpersönliche, abstrakte Denken des Physikers wegen seiner immer eindrucksvolleren theoretischen und technischen Ergebnisse an Ansehen gewonnen, und es ist allmählich zum Ideal allen Forschens und Sinnens geworden. Der Feind jeder Erkenntnis scheint nun gerade jener fast nichtige Punkt zwischen Vergangenheit und Zukunft zu sein, der sie voneinander scheidet; jener Punkt und das, was ihm Bestand und Sinn verleiht: die freie Entscheidung des Individuums. Um ihn zu überwinden, mußte man ihm seine ausschließlichen Vorrechte nehmen, ihn wieder in den folgemäßigen Ablauf von Vergangenheit und Zukunft einreihen. So wäre er nicht mehr der privilegierte Augenblick, und die lückenlose Abfolge einer nun zu gemeinsamer Wirklichkeit verschmolzenen Vergangenheit und Zukunft wäre gesichert.

Die mit einigen biologischen Kenntnissen gewappneten humanistischen Wissenschaften machen sich nun ans Werk. Vor allem geht es darum, die bisher nur auf die Vergangenheit beschränkte Kenntnis auf die Zukunft auszudehnen, nicht etwa um den freien Entschluß der Gegenwart wie durch eine Offenbarung zu beleuchten, sondern um den freien Entschluß als solchen in der lückenlosen Abfolge aufgehen zu lassen. Man bringt so jene winzige, jedoch absolute Zeitspalte der Gegenwart, den Ort, an dem die Ewigkeit in die Zeit eindringt, zum Verschwinden, so wie man eine störende Falte auf einem Tuch ausbügelt. Selbst der allwissende Hegel mußte angesichts dieser «absoluten Spalte» vor jeder Voraussage zurückschrecken und war dadurch gezwungen, die Weltgeschichte mit seinem eigenen System sich abschließen zu lassen. Nun ist sie dahin, ausgebügelt, und gibt dem Gewebe der gesamten Zeit – der Geschichte – glatten folgegemäßen Verlauf.

Jetzt wird also der seine Gegenwart erlebende Mensch genauso zum Gegenstand der Erkenntnis wie die gesamte Vergangenheit. Die Biologie macht aus ihm das Produkt seiner Erbmasse, die Psychologie sieht in ihm das Ergebnis frühkindlicher Erlebnisse und Prägungen, die man nur offenlegen muß; die materialistische Soziologie macht ihn zu einem auf dem Meer der Umwelteinflüsse schwimmenden Korken.

Seine Taten bedürfen weder des Lobs noch des Tadels, sondern allein der kausalen Erklärung. Sogar die Werturteile gelten nicht mehr als absolut, sondern werden auf bestimmte Ursachen zurückgeführt. Der Baum der Erkenntnis ist längst über Gut und Böse hinausgewachsen und trägt nur noch die Früchte der Unschuld.

Hier verliert nun der Philosoph seinen eigensten Bereich. Denn jetzt wäre es sinnlos, an die Grenzen menschlichen Erkenntnisvermögens zu pochen; es ginge höchstens noch darum, zu erklären, warum man so lange über diese Grenzen nachgedacht hat. Die absolute Forderung ist nichts als das Ergebnis relativer Einflußfaktoren; jeder Substanz entleert, steht sie an der Schwelle einer Zukunft, deren Charakter sich nicht von dem der Vergangenheit unterscheidet und die in großen Zügen entsprechend den Gesetzen der Geschichte vorhersagbar ist. Was bleibt, ist eine Welt der Naturwissenschaft und Technik, in der die Politik einen etwas rückständigen Bestandteil bildet.

Nun aber geschieht folgendes: Mit einem Mal tauchen die großen metaphysischen Alternativen, die man für längst erledigt hielt, und denen früher der Philosoph nachspürte, mitten im Herzen der technisierten Welt auf; ausgelöst durch technische Erfindungen, für die die Atombombe nur als Beispiel stehen soll.

Hier muß der Philosoph das Wort ergreifen. Im eigentlich politischen Bereich ist er zwar ebenso unwissend und machtlos wie jeder andere. Er hat jedoch einige Vorrechte, oder – wann man will – Verpflichtungen. Er weigert sich, in Politik nichts anderes zu sehen als eine bloße Sozialtechnik. Bleibt er Philosoph, so besteht er allen modischen Strömungen zum Trotz darauf, jenseits der Tatsachen einen Sinn und Normen zu finden, bewahrt er neben den Tatsachen die offenen Dimensionen des Möglichen. Das bedeutet, daß er auf seine Art die Tatsachen vorauszudenken vermag, und das nicht etwa als Prophet, sondern indem er ihre Auswirkungen und ihre

Bedeutung erklärt. Er setzt gleichsam im voraus die Taten der Menschen in Sprache um, eine Sprache, durch die sich der Mensch entscheidet, ob er frei sein will oder Sklave, Subjekt oder Objekt, und ob er zur Gestaltung der Welt beitragen will. Der Philosoph leistet Lebenshilfe – so könnte man sagen – indem er *im voraus* die ungeheure Tragweite des Lebens beschreibt und damit vor Schocks und Überraschungen bewahrt und jeden seiner Freiheit gegenüberstellt.

Doch warum sollte der Philosoph das Wort ergreifen? Ist er doch in der Politik ein Mensch wie jeder andere, ebenso engagiert und bedroht, in Spezialfragen ebenso unwissend wie jeder andere.

Er hat eine Aufgabe zu erfüllen: Klar darzulegen, was auf dem Spiele steht, wie hoch der Einsatz ist, so daß niemand – sei er guten oder bösen Willens – Unwissenheit vorschützen kann. In bezug auf die Atombombe und die Beschränkung der atomaren Rüstung z. B. erklärt man uns seit Jahren, das Überleben der Menschheit stehe dabei auf dem Spiel. Wir müssen zumindest zugeben, daß es möglicherweise der Fall sein kann.

Der Philosoph ist jedoch da, um zu sagen, daß noch anderes auf dem Spiele steht – und indem er dies tut, wird er keinesfalls die atomare Gefahr leugnen oder sie auf die leichte Schulter nehmen. Er will nur verhindern, daß aus tatsächlichem oder vorgegebenem Unwissen dem einen zuliebe alles andere geopfert wird. Er verwandelt das, was ein bloßer Appell an den gesunden Menschenverstand war, in eine Gewissensfrage.

Darin liegt seine eigentliche Aufgabe: Alternativen aufzuzeigen, ihnen Sinn und Gewicht zu verleihen, von den grundsätzlichen Überlegungen bis in die Folgen zu gehen, damit was zur Wahl steht, soweit wie möglich vor dem Gewissen erläutert ist. Er muß erreichen, daß man sich im voraus über die Auswirkungen der getroffenen Entscheidung sowohl im Bereich des Faktischen als auch der Wertnormen im klaren ist. Und schließlich spricht der Philosoph, um der Freiheit die nötige Zeit zu ihrer Verkörperung im konkreten Augenblick zu belassen. Er spricht, um der Gewalt, der Plötzlichkeit, der Unvorhergesehenheit einer vollendeten Tatsache und der durch sie gerechtfertigten Verblendung vorzubeugen.

Was könnte nun in der heutigen Welt auf dem Spiele stehen, das es Wert wäre, gegen die zu Recht alles beherrschende Sorge um das Überleben der Menschheit in die Waagschale geworfen zu werden?

Seien wir auf der Hut: Es ist unmöglich, hier bedingte Werte anzuführen, so wichtig sie uns auch sein mögen. So wiegt z. B. die «westliche Kultur» trotz aller Schätze, die sie in ihrer Geschichte hervorgebracht hat, nicht schwer genug, wenn auf der anderen Waagschale Gefahr für die Menschheit liegt. Jede Kultur kehrt ins Nichts zurück, wenn die Menschheit zugrunde geht. Und jede lebendige Menschheit vermag eine Kultur zu schaffen – wie immer sie auch aussehen möge.

Nur jene Werte können hier angeführt werden, die allem menschlichen Leben Sinn verleihen, ohne die der Mensch nicht mehr Mensch wäre. Hier stehen wir dem Wesentlichen im strengsten und wörtlichsten Sinne gegenüber.

Was aber, zumindest in der abendländischen Tradition, Leben menschenwürdig macht, ist Freiheit, ist das unveräußerliche Recht auf freie Entscheidung im Bereich des Denkens und Handelns, die aus dem Menschen erst ein für seine eigenen Gedanken und Handlungen verantwortliches Wesen macht. Welchen Veränderungen und Beschränkungen diese Freiheit auch unter dem Einfluß pseudowissenschaftlicher biologischer, soziologischer oder psychoanalytischer Extrapolationen ausgesetzt gewesen sein mag, so hat sie sich trotzdem bis in jene Formulierungen erhalten, die sie verneinen – denn sie verneinen sie im Namen der Wahrheit, und Wahrheit hätte für Menschen, die nur passive Produkte komplizierter Einflußfaktoren sind, keinen Sinn, da sie ein Wert und nicht eine Tatsache ist. Nur freie Menschen können die Wahrheit vorziehen. Schon deshalb ist es unsinnig zu behaupten, man ziehe die Wahrheit der Freiheit vor. Die Freiheit an sich ist unveräußerlich. Doch sie verwirklicht sich im und durch den Menschen. Damit sie sich als konkrete Freiheit auf so vielfältige Weise wie möglich verwirkliche, bedarf es der garantierten bürgerlichen Freiheiten. Fehlen diese weitgehend, ist also der Freiheit die Möglichkeit genommen, sich zu konkretisieren, so wendet sie sich gegen das menschliche Leben und spricht ihm seinen tieferen Wert ab. Ein Leben ohne Freiheit ist kein menschenwürdiges Leben.

Dann treffen Freiheit und Tod aufeinander. Der Mensch, der frei sein will und nicht frei ist, nimmt den Tod auf sich. Er tut dies zuweilen in der Hoffnung, daß sein Tod anderen helfen möge, ihre Freiheit zurückzugewinnen. Doch häufig – und nicht nur, wenn es sich um einen Helden handelt – geschieht es auch, daß er den Tod vorzieht. Das scheint unsinnig, denn der Tod führt niemals zur Freiheit. Der Tod setzt der Freiheit ein Ende. Doch die Knechtschaft vergewaltigt sie und vergewaltigt sie immer wieder. Das stellt den Menschen vor jene absolute Alternative: Freiheit oder Tod. Und damit tauschen die beiden Begriffe ihren Sinn.

Wenn es aber um die gesamte Menschheit geht? Ich weiß es nicht. Diese Frage läßt sich nicht abstrakt beantworten. Aber daß es hierauf keine Antwort gibt, beweist bereits eines: Das Überleben der Menschheit ist kein Argument, das jeder Wahl ein Ende setzen würde. Die Freiheit in der anderen Waagschale wiegt schwer.

Wenn der Totalitarismus der Freiheit jene gesetzlichen Freiheiten verweigert, deren sie zu ihrer Verwirklichung bedarf, wenn er sie zu ersticken sucht, kann sich die Freiheit grundsätzlich dagegen wehren, erstickt zu werden. Denn obwohl sie sich im gesellschaftlichen Bereich verwirklicht, gehört sie einer anderen Ordnung an und bleibt in gewisser Weise unantastbar. Ein Kind, das man mit Schlägen vergebens zum Reden bringen will, spürt hinter zusammengebissenen Zähnen triumphierend die Allmacht seiner Freiheit. Sokrates, der den Schierlingsbecher trinkt, Christus am Kreuz – sie und andere zeugen vom absoluten Sieg des Schwachen.

Wir aber sind nicht ans Kreuz genagelt, und wir trinken auch nicht aus dem Schierlingsbecher. Wir stehen vor der Gefahr, wir denken an die Gefahr. Und es geht darum, jetzt – im voraus – zu wissen, was wir aus ihr machen und was sie aus uns macht. Man neigt dazu, das Jetzt mit einem Scheidepunkt zu verwechseln, an dem angesichts des Todes eine Entscheidung zu treffen ist. Aber unser «Jetzt» ist nur ein Stück auf dem Weg, das die Richtung der Zukunft bestimmt. Es ist eine Vorentscheidung darüber, welche Wahl uns einst erwartet.

Die Freiheit, von der wir sprachen, ist nur dann unauflösbar, wenn gewisse Werte dem Menschen mehr gelten als alle Tatsachen. Tatsachen wiegen schwer, sehr schwer, denn sie sind Wirklichkeit. Aber sie urteilen nicht, sie werden beurteilt. Sie geben sicher ein Urteil ab über die Wirksamkeit einer Methode und manchmal sogar über die Ernsthaftigkeit eines Engagements, nicht aber über den Sinn, den Grund des Daseins, die allerletzte Sicht. Mit Tatsachen läßt sich nicht über Werte urteilen.

Der Mensch ist frei, insofern er Werte hat. Sie befreien ihn von der Herrschaft der Tatsachen. Gerade weil sich die Werte immer durch den Menschen in der Welt der Tatsachen verwirklichen, bewirkt die Anhänglichkeit an Werte, daß sich der Mensch den Tatsachen stellen, sich ihrer Auswirkungen bewußt werden und mit ihnen und durch sie handeln muß. Doch damit hören die Tatsachen auf, ihn zu beherrschen. Die Werte müssen sich über die Tatsachen erheben, oder sie gehen unter. Verschwinden sie, so bleiben nur noch die Tatsachen, und dann gibt es keine Freiheit mehr.

Das hat in mancher Weise die Tradition des Abendlandes bedeutet. Wenn Kant vom kategorischen Imperativ spricht, das heißt von dem, was sich in moralischer Hinsicht unabhängig von jedem Endresultat als Wert behaupten muß, spricht er von der Bedingung sine qua non der Freiheit – oder besser gesagt der einzigen Freiheit.

Da fordern uns manche auf, zu sagen: «Alles, nur kein Krieg», und sie meinen damit: «Alles, nur nicht die Gefahr der Atombombe.» Die Folge davon wäre, daß sich die Freiheit – und mit ihr jeder Wert – einem Tatbestand unterordnen müßte. Entscheidend wäre nicht mehr ein Wert, sondern ein Tatbestand. Damit würde der kategorische Imperativ endgültig abgeschafft. Es bliebe nur noch der hypothetische Imperativ, jenes Kalkül von Zweckmäßigkeiten, das sich faktische Resultate zum Maßstab nimmt.

Hier müssen wir recht verstehen, wann sich eine solche Wahl stellt. Jene, die davon ausgehen, daß die Entwicklung der Atombombe ein für allemal nur noch eine Alternative offenlasse, die darin bestehe, daß alles dem Risiko eines Atomkrieges vorzuziehen sei, glauben dies im Hinblick auf einen in weiter Ferne liegenden Tag zu sagen, der vielleicht niemals kommen werde. Sie übersehen, daß sie damit bereits einen Entscheid fällen, der unmittelbare Auswirkungen hat und sich in Tatsachen niederschlägt: Sie entscheiden jetzt schon, sich jedem zu unterwerfen, der mit der Atombombe drohen könnte. Sie beschließen, nichts zu unternehmen, und geschähe es in Verteidigung irgendeines selbstverständlichen Rechts, das jemanden dazu reizen könnte, den Frieden zu gefährden. Weit davon entfernt, das Recht gegen die Gewalt anzuwenden, opfern sie schon jetzt den Grundgedanken des Rechts auf dem Altar der Gewalt. *Sie beginnen schon jetzt das Zeitalter der Erpressung.*

Ich erinnere mich an eine Zeit, als ein Erpresser noch als gemeiner Verbrecher angesehen, und als der, welcher der Erpressung nachgegeben hatte, verachtet wurde. Heute scheint die Erpressung fast zum neuen internationalen Gesetz erhoben worden zu sein.

Der Formel «alles, nur kein Krieg» versucht der Philosoph die Formel «fast alles . . .» gegenüberzustellen. Damit soll der Krieg gewiß nicht gerechtfertigt werden. Aber wenn wir dem Menschen in uns treu bleiben wollen, so müssen wir ihm seine Freiheit erhalten: sein Recht, die Tatsachen gegeneinander abzuwägen, stets aufs neue zwischen verschiedenen Möglichkeiten zu wählen. Das Wort «Tue, was du mußt, geschehe, was wolle» ist gewiß nicht ausreichend, um das Verhalten eines freien, sich der Folgen seiner Handlungen bewußten Menschen zu definieren. Es bleibt aber unter den die Freiheit bestimmenden Widersprüchen ein notwendiges Element.

Entscheidend ist etwas anderes: Nachdem man die Alternative «Vernichtung der Menschheit oder Aufgabe der Freiheit» einmal in aller Klarheit einander gegenübergestellt hat, gilt es sie durch eine andere Alternative zu ersetzen: «Vernichtung des Menschen oder eine Rechtsordnung für die ganze Welt.» Die eigentliche Lehre, die man aus der atomaren Bedrohung ziehen sollte, ist die Notwendigkeit, der Anarchie des absoluten Souveränitätsbegriffes der Nationen ein Ende zu setzen, ein übernationales Recht und zugleich die notwendigen Institutionen zu schaffen, die diesem Recht Nachachtung verleihen. Das sollte von jetzt an unsere positive Aufgabe sein. Es ist der einzige Weg, auf dem man die sich auf eine totale Drohung stützende Erpressung wirksam bekämpfen kann, und es ist wahrscheinlich auch der einzige erfolgversprechende Weg, die Gefahr der Vernichtung zu bannen. Es ist schwer verständlich, daß Staaten heute im Namen des Friedens zu allen Zugeständnissen bereit sind, während sie sich gleichzeitig an ihren Nationalismus klammern, als sei er die letzte Zuflucht der Ehre.

Sich der Erpressung zu widersetzen, heißt also nicht, einen Krieg in Kauf zu nehmen, sondern sich für das Recht einzusetzen. Gegen die äußere Bedrohung durch die Gewalt ist ein souveränes, supranationales Recht notwendig, ein Recht, wie es die Menschheit bisher nie gekannt hat.

Der Philosoph unterscheidet wie gesagt zwei Zeitabschnitte:

Den, in dem wir uns befinden, und in dem die Bedrohung noch aus einer gewissen Ferne kommt – und den, in dem wir unmittelbar vor der Alternative stehen.

Im ersten Zeitabschnitt stellen sich unaufhörlich politische Probleme. Unsere Antworten werden frei oder unter Bedrohung erteilt. Sie tragen schon jetzt zur Vorbereitung der Entscheidungen bei, die uns erwarten. Schon jetzt macht jede unserer Handlungen, jedes unserer Worte uns zu dem, was wir in der entscheidenden Stunde sein werden: Opfer der Erpressung, oder freie Menschen, die trotz allem und bis zum Ende angesichts der Bedrohung den Weg der Freiheit suchen. Und schon jetzt bereiten wir entweder eine vor der Drohung totaler Gewalt erstarrte Welt vor – oder eine Weltordnung, die es zu erkämpfen gilt, und die sich der Zerstörung immer stärker widersetzen kann.

Im zweiten Zeitabschnitt, in der Stunde der letzten Entscheidung, wären die Würfel, falls die Bemühungen um die Errichtung einer Weltordnung fehlgeschlagen hätten, fast gefallen – es sei denn, daß die immer mögliche, wenn auch aller ihrer Chancen beraubte Geburt einer Freiheit sich Bahn bräche. Das wäre die Stunde der Wahrheit. Dann würde es sich herausstellen, ob unsere westliche Welt mehr als eine schöne Redensart war. Gewiß könnte der Mensch alles hinnehmen, um zu überleben, sich völlig von der Gefahr der Zerstörung beherrschen lassen und die mögliche Wiedergeburt der menschlichen Werte auf später verschieben. Er könnte aber auch den Sinn des Lebens dem Leben vorziehen und sich weigern – solange er lebt – den Menschen in ihm zu zerstören. Und wenn er alles menschenmögliche versucht hat, um dem Tod zu entgehen, könnte er schließlich alles aufs Spiel setzen und sich damit die unauflösbare Hoffnung bewahren, mit der er den Eingebungen der Angst zu entrinnen vermag.

Staat und Gesellschaft

Ich möchte hier einige von einem kurzen Kommentar begleitete Thesen aufstellen. Und ich hoffe, daß man es mir nachse-
hen wird, wenn dadurch die von mir vertretenen Ideen etwas
summarisch und absolut wirken. Sollten sie dadurch zum
Widerspruch reizen, so wäre ein Ziel bereits erreicht, das
darin liegt, zum Nachdenken über diese Zusammenhänge an-
zuregen.

Nur das Individuum hat eine Seele, d. h. nur es ist befähigt,
frei zu sein. Die «Kollektivseele» ist nichts anderes als eine
Metapher. Wir neigen ständig dazu, kollektive Wirklichkeiten zu personifizieren. Zunächst ist es nur eine Redensart,
doch daraus wird bald eine Denk- und Gefühlsweise. Man
schreibt einem Volk, einer Klasse eine Seele zu. Man spricht
ihr so etwas wie eine Mittlerrolle zwischen der Seele Gottes
und der des einzelnen zu, was dazu legitimieren soll, daß der
einzelne, daß die Seele des einzelnen der Kollektivseele geopfert wird. Dies ist ebenso gefährlich und unsinnig wie der
Versuch, politische Entscheidungen einer Regierung durch
die Psychologie des betreffenden Volkes zu erklären.
Ich will damit nicht sagen, daß der einzelne der Gemeinschaft, der er angehört, keine Opfer bringen soll. Ebensowenig behaupte ich, daß die Kollektivität keinen psychologi-
schen Antrieben gehorcht. Wichtig scheint mir nur, in aller
Klarheit zwischen Metapher und Wirklichkeit zu unterscheiden.
Wörtlich genommen gibt es also so etwas wie die Seele eines
Volkes, einer Gemeinschaft nicht. Hingegen trifft es zu, daß

sich der einzelne stets nur innerhalb der Gemeinschaft verwirklicht, in der Zugehörigkeit und in der Gegenüberstellung zu den anderen.

Jeder Mensch gehört mehreren Gemeinschaften an, nicht nur einer einzigen, und er ist ihnen allen gegenüber verpflichtet. Der Mensch gehört nicht nur Gruppen an, die vom kleinsten ins größte folgerichtig ineinander übergehen und immer weitere Kreise ziehen: von der Familie über das Dorf, das Land, bis zur Menschheit. Er gehört verschiedenartigen Gemeinschaften an, die sich in komplizierter Weise ergänzen und überschneiden: Familie, Berufsstand, Klasse, Partei, Staat, Kirche usw. Daher sind Loyalitätskonflikte immer möglich – sogar wahrscheinlich –, denn die Forderungen der Gruppen sind nicht alle vereinbar. Dann befindet sich der einzelne in einem Gewissenskonflikt, den nur er allein und nicht ein für allemal, sondern lediglich von Fall zu Fall lösen kann. Die Forderung des Staates z. B. ist nur eine unter anderen Forderungen. Es kann und darf keine endgültig feststehende Hierarchie zwischen den Forderungen der verschiedenen Gruppen geben, und das Individuum kann eine solche Hierarchie auch nicht für sich persönlich, ein für allemal festlegen. Keine dieser Kollektivforderungen kann die Legitimität des höchsten Wertes für sich allein in Anspruch nehmen, und daraus ergibt sich die stetige Verantwortung des einzelnen gegenüber den wechselnden Schwerpunkten.
Das Böse ist, seinen Nächsten nicht zu lieben wie sich selbst. Der Mensch liebt nun einmal seinen Nächsten nicht wie sich selbst und trägt daher das Böse in sich (daher ist er kein Engel). Er kennt aber das Böse in sich (daher ist er kein Tier), und er kämpft dagegen an (daher ist er ein Mensch). Dieser Kampf stellt den Menschen in den Rahmen von Recht und Politik. Denn die Schranken des Rechts und die staatliche Ordnung – beides spezifisch menschliche Dinge – sollen nur dazu dienen, das Böse einzudämmen.

Jene, die die Politik ablehnen, um sich nicht die Hände schmutzig zu machen, entscheiden sich tatsächlich für die Unschuld des Tieres, auch wenn sie die Unschuld des Engels anstreben. Die Anarchisten denken da logischer, zumindest innerhalb ihres Systems. Sie glauben an die Güte der menschlichen Natur und wollen deshalb Gesetz und Staat abschaffen. Dies ist folgerichtig: Ohne das Böse gäbe es weder Gesetz, noch Staat, noch Politik.

Jede politische Ordnung ist vollkommen, wenn man voraussetzt, daß die politischen Führer vollkommen sind. Wir müssen jedoch von dem Bösen im Menschen, der unzureichenden Liebe des Nächsten ausgehen. Unter dem Einfluß der Macht verstärkt sich das Böse bei den Regierenden, zugleich verschlimmern sich seine Auswirkungen. Daher stellt sich das politische Problem folgendermaßen: Wie läßt sich Macht wirksam gestalten und gleichzeitig ausreichend kontrollieren. Die Kontrolle über die Macht wird erst zum Problem, wenn die Macht nicht mehr als natürliches oder gottgewolltes Vorrecht des Herrschers erscheint. Erst dann ist die Regierung gezwungen, den Gebrauch der Macht zu rechtfertigen. Sie muß moralische Gründe anführen, Autorität für sich fordern und sich diese durch die Zustimmung der von ihr Regierten zu verschaffen suchen.

Hier beginnt im wörtlichen Sinne die «Innenpolitik» eines Staates.

Der Staat wird bald verehrt (wenn man ihn mit dem Begriff des Vaterlandes verbindet), bald als seelenlose Maschinerie verachtet (wenn man in ihm die bürokratische Verwaltung sieht). Gerecht wird man ihm mit keiner dieser beiden Haltungen. Er ist eine gesellschaftliche Struktur und als solche ein Zwitterwesen, in dem Sach- und Wertbegriffe nebeneinander bestehen und sich vermengen.

Das Bild des Staates ändert sich grundlegend, je nachdem, ob man ihn von außen betrachtet, oder ob man als Bürger in ihm lebt. Von außen betrachtet, mag er dem Soziologen als Studienobjekt oder dem Revolutionär als Gegebenheit erscheinen, die es zu verändern gilt. Für beide ist er theoretisch nichts weiter als ein Tatsachengefüge, das die Geschichte im Laufe der Vergangenheit angehäuft hat. (Ich sage «theoretisch»; in Wirklichkeit wird diese Vereinfachung nie derart radikal vorgenommen.) Beide, der Soziologe und der Revolutionär, bleiben, auch wenn sie aus einem anderen Staat stammen, zu sehr Staatsbürger, um sich der «bürgerrechtlichen Existenz», den der Staat für seine eigenen Bürger hat, ganz zu verschließen. Der Bürger, der in einem Staat lebt, wird ihn eher unter dem Gesichtspunkt dessen betrachten, was er der Idee nach darstellt, als danach, was er geleistet hat; er sieht im Staat eher die Projektion in die Zukunft als eine Summe von Tatsachen.

Staat und Gesellschaft vereinigen in sich beides: faktische Gegebenheiten und das Streben nach Überwindung des bloß Tatsächlichen in der Gegenwart. Daher ihre Zwitternatur, die jedem auffällt, der sie zu verstehen sucht. Daher auch die Zweideutigkeit der Politik.
Progressive wie Konservative machen sich diese Zweideutigkeit in ihrer Propaganda zunutze. So behaupten die Progressiven oft, daß das, «was kommen wird», notwendigerweise besser sein muß als das, «was vorher war», während die Konservativen oft das «was ist», als etwas Gottgewolltes betrachten. Die Progressiven werben Anhänger in ihrem Kampf gegen das, «was ist» und die Konservativen gegen das, «was vielleicht sein wird». Erstere scheinen sich gegen den Staat zu stellen, letztere scheinen ihn zu schützen. Tatsächlich gehören die faktischen Gegebenheiten ebenso zum Wesen eines Staates, einer Gesellschaft wie die Bestrebungen, diese zu verändern. Es gibt keinen Grund, weshalb die Konservativen diese Veränderungstendenzen nicht als ebenso gottgewollt betrachten sollten, wie alles andere. Umgekehrt besteht für

die Progressiven kein Anlaß, nur einer völlig unbestimmten Zukunft Wert beizumessen. Damit projizierten sie lediglich die Unbeweglichkeit, mit der die Konservativen an der Gegenwart hängen, in die Zukunft. Beide verwechseln Gegebenheit und Transzendenz: die Konservativen, indem sie die Transzendenz auf die Norm der Gegenwart beschränken und damit das «Mögliche» ausschließen, und die Progressiven, indem sie die Transzendenz in eine Norm der Zukunft umwandeln – einer Zukunft, die vorausbestimmt und nicht länger offen ist.

Paul Valéry bemerkte bereits, daß die soziale Ordnung auf «vagen Dingen» beruhe. Damit bezeichnete er alles, was eine Gesellschaft ihren Mitgliedern weder durch bloßen Zwang noch allein durch moralische Forderungen auferlegt, sondern durch eine unauflösbare Mischung von beiden. Die Macht der sozialen Imperative liegt meist in ihrer vermischten Natur: Die sie bestimmenden Faktoren wären sowohl einzeln als auch zusammengenommen zu schwach. Erst ihre Vermischung schafft eine neue Kraft, die sich als erstaunlich wirksam erweist.

In der Politik vermischen sich ständig rein moralische Forderungen (Kants kategorischer Imperativ) und die Notwendigkeit, Erfolg zu haben (das «Der Zweck heiligt die Mittel» Machiavellis). Die Moralgesetze des einzelnen sind nicht immer auf den Staatsmann anwendbar: Das Individuum kann sich opfern; der Staatsmann jedoch ist für sein Land und dessen Schutz verantwortlich, er ist zum Erfolg verpflichtet. Der Moralbegriff Kants, die Staatsraison Machiavellis, sie dürfen einander nicht geopfert werden. Der politisch aktive Mensch, dem sie sich in voller Klarheit stellen, muß beide ertragen. So ist und bleibt die Politik als gesellschaftliche Wirklichkeit widersprüchlich und verworren. Gleichzeitig bedroht von dem Purismus der Zyniker, die ihren Machiavellismus entlarven, um bei dieser Gelegenheit auch die Kantsche Forderung über Bord zu werfen, und dem Purismus der Moralisten, die sie lieber der rohen Gewalt überlassen, als sich selber die Hände zu beschmutzen, bleibt sie in all ihrer Widersprüchlichkeit für die Vermenschlichung des Gemeinschaftslebens unerläßlich.

Der Mensch – wie die Gesellschaft – lebt in der Geschichte. Aus ihr gibt es kein Entkommen, kein Hingleiten in ein Goldenes Zeitalter oder eine Apokalypse. Jede Interpretation, die in Geschichte nichts sieht, als eine Entwicklung auf einen immer schon feststehenden Endzustand hin, nimmt den Zeitkategorien – Vergangenheit, Gegenwart und Zukunft – ihre Eigenart. Die Vergangenheit ist die Dimension des «schon Dagewesenen», schließt die Freiheit aus, die in ihr ja nicht mehr möglich ist. Die Zukunft ist die Dimension der Möglichkeiten, sie hängt von der Wirkung der Freiheit in der Gegenwart ab. Jede eschatologische Geschichtsauffassung – liege das Ziel auch in noch so weiter Ferne – verwandelt die Zukunft in eine Vergangenheit. Denn die gesamte Zukunft wird unter dem Gesichtswinkel jenes fernen Punktes am Ende der Geschichte betrachtet, der ihr ihren Sinn gibt, so wie die Vergangenheit unter dem Gesichtswinkel der Gegenwart betrachtet wird. Zukunft wie Vergangenheit scheinen somit gleichermaßen von jenem fernen Punkt in der Zukunft bestimmt und gradlinig ineinander überzugehen. Damit wäre auch die Gegenwart als Raum, in dem sich die Freiheit verwirklicht, abgeschafft – jene Gegenwart, die nur losgelöst von Zukunft und Vergangenheit denkbar ist. Jede auf einen Endpunkt gerichtete Perspektive in der Zeit schaltet den Menschen als freies Individuum aus, drängt ihn zur Flucht aus der Gegenwart und setzt an die Stelle des freien Willens die totalitären Techniken der Geschichtsingenieure, die auf dem Felde einer vorausbestimmten, ununterbrochenen Abfolge der Zeit arbeiten.

Wenn nun der Mensch stets in der Geschichte lebt, so bedeutet das, daß er sich ihr nie genug entziehen kann, um sie als Objekt zu betrachten. Er kann sie also in ihrer Gesamtheit weder kennen, noch planen.

Selbst in jenen Augenblicken, da er sie nur zu begreifen sucht, hängt sie weiter von ihm, von den Handlungen, die er begeht oder unterläßt, von der Kenntnis, die er von ihr hat, ab. Paul Valéry bemerkte einmal, in der Geschichte bedeute ein Ereignis vorauszusehen, immer ein wenig mehr als bloße Voraussicht, man fördere oder behindere es, und damit beginne man wohl oder übel bereits zu handeln.

Die gesellschaftliche Entwicklung vollzieht sich als fortschreitende Trennung jener Bereiche, die zu Anfang in einer Einheit verschmolzen waren, die zugleich religiöser, rechtlicher, kriegerischer und moralischer Natur war.

Solange diese Einheit sich behaupten konnte, erlegte sie dem Menschen eine so in sich geschlossene und zusammenhängende Sozialordnung auf, daß es undenkbar schien, sie in Frage zu stellen. Auch wenn sie für viele Sklaverei, Not und Leiden bedeutete, hatte diese Ordnung in ihrer Folgerichtigkeit eine Ähnlichkeit mit dem Naturgesetz – und wer hätte es gewagt, das Gesetz der Natur anzuzweifeln? Als sich diese Einheit auflöste, stürzten König und göttliches Gesetz, trennte sich Macht von der Moral und Schicksalsbestimmung. Statt dessen entfalten sich alternative Möglichkeiten, Kritik am Bestehenden setzt ein, das politische Bewußtsein entsteht. Immer noch ist Macht mit Gewaltanwendung verbunden, aber nun muß sie sich rechtfertigen. Sie ist in Frage gestellt.

Die Entwicklung geht weiter. Das Mögliche gewinnt dem Gegebenen gegenüber an Boden. Ich schrieb darüber sinngemäß in «Ideologien und Wirklichkeit»: In den primitiven, neuerungsfeindlichen und sakralen Gesellschaftsformen gehe es darum, das Bestehende zu erhalten. Außer in einigen Geschichtsepochen, wie z. B. jene der griechischen Polis der Antike oder der kleinen italienischen Fürstentümer der Renaissance habe sich diese Optik bis zum Ende des «Ancien Régime» im großen und ganzen erhalten. Die Gesellschaft wurde von einem engen Netz persönlicher und hierarchisch festgelegter Bezeichnungen zusammengehalten, denen eine gebieterische symbolische Kraft innewohnte. Der Herrscher, der Priester, der Vater, der Meister, der Offizier, sie alle waren Persönlichkeiten, in denen sich fern jeder Infragestellung Existenz, Funktion und Wert miteinander vereinigten. Sie verkörperten, ganz unabhängig von ihren individuellen Eigenschaften, Werte und empirische Forderungen. Ihre Funktion beherrschte sie und die anderen mit ihrer Macht, und sie konnten sich ihr nicht entziehen. Diese enge Verstricktheit von Person und Funktion gibt es in der westlichen Welt heute eigentlich nur noch in der katholischen Kirche. Nehmen wir den Priester in Graham Greenes «Die Macht und die Herrlichkeit». Weder die Trunksucht noch die Schande der außerehelichen Vaterschaft vermögen etwas an der gottgegebenen Eigenschaft der Priesterwürde zu ändern. Früher schienen alle sozialen Beziehungen ähnlichen Regeln zu gehorchen; waren von keiner subjektiven Einstellung abhängig und galten als selbstverständlich. Zwischen Individuum und seiner Funktion in der Gesellschaft gab es keine Kluft. Was nachher geschah, war eine mehr oder weniger klar beabsichtigte und mehr oder weniger radikal vorgenommene Trennung zwischen Individuum und dessen Funktion. Und von da an verändert sich alles. Die Funktion verliert an Substanz und die sozialen Formen werden zu bloßen Möglichkeiten – und sie sind nur noch Formen, weiter nichts ... Diese Entwicklung hat jedoch auch ihre positive Seite: Denn nun hängen die sozialen Beziehungen und das Wesen der mit ihnen verbundenen Menschen mehr und mehr von der Subjektivität der Person ab. Nun läßt sich alles – absolut alles – auf menschliche Werte und menschliche Zerbrechlichkeit zurückführen, auf jene ständig vom Menschen, seinem Wesen und seinen Werten bedrohte Schöpfung ... nun beruht alles auf dem, was jeder *ist*.

Aber das, was jeder *ist,* ist das, wozu er sich selber macht, ist verwirklichte Freiheit.

Schon daher ist es heute undenkbar, eine menschliche Gemeinschaft auf einhellig von allen geteilten Vorstellungen aufzubauen.

Wer heute von einem «neuen Zeitalter» träumt und darunter eine auf Einhelligkeit gegründete, neue Gesellschaftsform versteht, kann – ob er es will oder nicht – seine Hoffnung nur auf die totalitäre Anwendung der Gewalt richten. Ohne Zwang gibt es nur Verschiedenheit der Auffassungen, Gegensätze und stets neu auftauchende Konflikte. Es geht also heute nicht darum, eine Einhelligkeit herzustellen, die zwangsläufig verlogen sein muß, sondern darum, sich moderner sozialer Techniken und Organisationsformen zu bedienen, um ein Gemeinschaftsdasein zu schaffen, das die Gegensätze und Verschiedenheiten anerkennt und ohne Furcht die Möglichkeiten der Freiheit des einzelnen weiterentwickelt. In einer wahren Demokratie haben die politischen Parteien keine andere Funktion und keinen anderen Sinn, als die Vielfalt der Meinungen zu organisieren.

Man spricht heute viel von Sicherheit, lehnt sie entweder völlig ab oder verlangt die totale Verwirklichung der Sicherheit. Nun kann Sicherheit immer nur relativ und provisorisch sein. Sie schiebt die Bedrohung hinaus, mehr nicht. Auf jeden Fall scheint mir ein ausreichendes Maß an Sicherheit die vielleicht ungenügende, aber immerhin notwendige Voraussetzung der Freiheit des Bürgers zu sein. Und somit ist es Aufgabe des Staats, sie zu gewährleisten.

Zwei Dinge sind es, die den Menschen gefährden: die Aggression, die Bedrohung von außen und Hunger und Not. Wenn Sicherheit eine Vorbedingung der Freiheit ist, schuldet der Staat dem Bürger wirksamen Schutz gegen einen Angriff von

außen – also nationale Verteidigung. Er schuldet ihm aber auch Schutz gegen einen Angriff von innen, der von Parteien, Interessengruppen oder gar vom Staat selbst ausgelöst werden könnte – also demokratische Rechte. Und schließlich schuldet er ihm Schutz vor Hunger, Krankheit, Armut, Unwissenheit, die die Chancen der Freiheit ebenso vermindern wie die Bedrohung von außen – also soziale Gerechtigkeit.
Sicherheit, das heißt in unserer Zeit: nationale Verteidigung, die Garantie demokratischer Rechte und soziale Gerechtigkeit. Das Unglück ist nur, daß die Pflichten des Staates nicht immer miteinander übereinstimmen und sich sogar zuweilen widersprechen. So ist es denkbar, daß nicht der äußere Feind, nicht eine Partei, nicht Not und Elend die Sicherheit zerstört, die Vorbedingung der Freiheit ist, sondern der Staat.

Die Menschen, die politische Verantwortung tragen, befinden sich heute in einer schwierigen Lage. Nachdem, wie gesagt, Person und Funktion nicht mehr identisch sind, verkörpert kein Politiker als solcher Autorität. Auch der Staat verkörpert sie nicht und ist der Kontrolle und Kritik ausgesetzt, soweit er sie nicht mit Gewalt unterdrückt. Zudem herrscht innerhalb des Staates auch keine Einhelligkeit der Meinungen und Ansichten, so daß er mit Gesetzen, die der Vielfalt Raum lassen, schaltet und waltet, so gut er kann. Und schließlich ist der Staat im Zusammenhang mit der modernen Wirtschaft, von der er abhängig und für die er verantwortlich ist, mit gewaltigen Aufgaben belastet. Trotz stark eingeschränkter Macht und verringerten Kompetenzen muß also der moderne Staat Aufgaben bewältigen, die schwerer sind, als sie es je zuvor waren. Gleichzeitig erscheinen die Folgen seiner Maßnahmen zuweilen als so unüberschaubar, daß manche – zu Unrecht – in ihm bereits den Vorreiter der Apokalypse sehen. Schon deshalb ist die puritanische Verachtung, die gewisse Moralisten den Politikern entgegenbringen, oft nichts als Feigheit.

Allerdings müssen wir feststellen, daß die Staaten – und nicht nur die kleinen, sondern auch die Großmächte – heute nicht mehr alle in der Lage sind, ihren Bürgern die drei grundsätzlichen, eben erwähnten Sicherheiten zu gewährleisten.

Das unantastbare Dogma von der «absoluten Souveränität des Staates» beruhte früher noch auf Tatsachen und Moralbegriffen. Tatsache war die echte Unabhängigkeit eines jeden Staates, seine Fähigkeit sowohl auf dem Gebiet der Innenpolitik als auch in der Außenpolitik wesentliche Entscheidungen allein zu treffen. Moralisch leitete sich die «absolute Souveränität» von einer Personifizierung des Staates her, von einer Übertragung auf der Unantastbarkeit der Person auf den personifizierten Staat. Heute ist das Dogma von der «absoluten Souveränität» überholt. Die Erde ist kleiner geworden, die Staaten sind wirtschaftlich so voneinander abhängig, daß keiner von ihnen einen wichtigen Entschluß fassen kann, der sich nicht lebenswichtig auf die anderen auswirkt; und das kann leicht bis zur Embolie führen, man denke nur an den Ölboykott. Moralisch ist der absolute Souveränitätsanspruch überholt, weil die Staaten längst keine moralischen Einheiten mehr sind, in denen identische Wertnormen herrschen, sondern offene Strukturen, innerhalb derer sich die Freiheit des Menschen verwirklicht. Man sollte auch nie vergessen, daß die absolute Souveränität im Verhältnis der Staaten nur das Gesetz des Stärkeren, das Gesetz des Dschungels sein kann, ein Luxus, den sich die Menschheit kaum noch leisten kann.

Macht und das Streben nach Gerechtigkeit

Macht und das Streben nach Gerechtigkeit sind Probleme, mit denen wir uns im täglichen Leben herumschlagen. Sie scheinen einander gegenseitig auszuschließen, und doch sind es Begriffe, die voneinander abhängig sind. Ohne den Willen zur Gerechtigkeit gibt es keine Macht oder hat Macht zumindest keinen Sinn. Bei allen theoretischen Schwierigkeiten, die sich in diesem Zusammenhang stellen, handelt es sich doch nicht um lebensferne Probleme, die am Ende abstrakter Gedankengänge auftauchen, und es geht auch nicht um die besonderen Bedingungen einer politischen Existenz, zu der, nach Max Weber, niemand gezwungen werden kann. Es handelt sich vielmehr um Probleme unseres täglichen Lebens, das wir alle leben müssen.

Der Begriff Macht läßt sich auf verschiedenen Ebenen anwenden. So brauchen ihn manche nur für zwischenstaatliche Beziehungen (dann spricht man etwa von Großmacht – oder von Machtpolitik), weil es über den Staaten keinen Schiedsrichter gibt. Ich möchte den Begriff Macht so weit wie möglich fassen. Überall, wo es Lebewesen, sterbliche Wesen, gibt, finden wir Macht oder wenigstens den Willen zur Macht: Alle Lebewesen sind durch den Tod bedingt, den sie in der Form des Hungers erfahren, weil die bedrängenden Bedürfnisse und die Angst vor Bedrohung ständig vorhanden sind.

Der Kampf ums Überleben ist überall anzutreffen. In der ganzen belebten Natur bedeutet sein, sein wollen; leben, leben wollen. Immer ist der Kampf ums Dasein in irgendeiner Form mit der Anwendung von Macht verbunden. Darwins

Theorie vom «Überleben der Anpassungsfähigsten» wäre übrigens sinnlos, ließe sie das «leben *wollen*» außer acht. Anpassungsfähig bedeutet: fähig sein, zu überleben, was wir positiv, weil das Leben bejahend, empfinden. Der lange Hals der Giraffe würde ihr nichts nützen, wenn sie ihn nicht ausstreckte, um sich die Nahrung zu holen, die andern Tieren unerreichbar ist. Endzweck und Macht sind überall anzutreffen, obwohl man sie in Schranken zu halten versucht.

Im menschlichen Bereich neigte man ursprünglich dazu, nur nackte, kriegerische Gewalt oder politische Beziehungen auf der Ebene des Staates als Ausdruck der Macht zu verstehen. Erst allmählich begriff man, daß Macht auch in den gesellschaftlichen und wirtschaftlichen Beziehungen zur Anwendung kommt, Beziehungen, denen man vorher keine Aufmerksamkeit schenkte, weil sie als selbstverständlich hingenommen wurden. Raymond Aron zitiert folgende Stelle von Max Weber, um in dessen Lehre einen darwinistischen Zug darzulegen: «Wer auch nur einen Pfennig Renten bezieht, die andere – direkt oder indirekt – zahlen müssen, wer irgendein Gebrauchsgut besitzt oder ein Verkehrsgut verbraucht, an dem der Schweiß fremder, nicht eigener Arbeit klebt, der speist seine Existenz aus dem Getriebe jenes liebeleeren und erbarmungsfremden ökonomischen Kampfes ums Dasein, den die bürgerliche Phraseologie als «friedliche Kulturarbeit» bezeichnet: eine andere Form des Kampfes des Menschen mit dem Menschen, bei der nicht Millionen, sondern Hunderte von Millionen jahraus, jahrein an Leib und Seele verkümmern . . .» [1]

Schon die Beschaffung des Lebensunterhaltes setzt Anwendung von Macht voraus, sofern er nicht ganz aus der eigenen Arbeit bestritten wird. Nur mit Arbeit (der Zeit und Mühe, die ein sterbliches Wesen aufbringt) kann die Arbeit anderer

[1] Max Weber, Gesammelte politische Schriften. München, Drei Masken Verlag, 1921 (S. 62)

bezahlt werden. Nur Geld, das durch Arbeit verdient worden ist, kann Arbeit bezahlen. Machtverhältnisse entstehen überall dort, wo Menschen zusammen leben oder leben wollen. Wer sich einbildet, eine staatliche Ordnung oder irgendwelche Institutionen könnten dies ändern, spielt den Engel, begeht die Sünde der Heuchelei.

Was kann auf diesem Hintergrund ständiger Machtanwendung der Wille zur Gerechtigkeit noch bedeuten?
Es genügt wohl festzustellen, daß die positivistische und utilitaristische Theorie keine genügende Antwort geben kann, da sie das Streben nach Gerechtigkeit negativ begründet: Es sei aus den schlechten Erfahrungen mit der Macht entstanden, denen es die Vorteile der Gerechtigkeit gegenüberstelle.
Diese Theorie verkennt, daß Machthunger und Aggression eine Realität sind; sie verkennt aber auch, daß die Verwirklichung des Strebens nach Gerechtigkeit stets gefährdet oder von Erfolglosigkeit bedroht ist.
Im Streben nach Gerechtigkeit spielt noch etwas anderes mit, die Ahnung einer höheren Ordnung, die sich darin verwirklichen will. Natürlich hat sich der Begriff «Gerechtigkeit» im Laufe der Zeit gewandelt. So verstand Plato unter Gerechtigkeit ein harmonisches Ganzes, verkörpert im idealen Staat, der eine klare Hierarchie der Klassen und deren spezifischen und unterschiedlichen Ansprüche festlegen sollte. Solche Anschauung ist weit entfernt von unseren zeitgenössischen Ideologien, die unter Gerechtigkeit «gleiches Recht für alle» verstehen. Trotz des Bedeutungswandels scheint die Idee der Gerechtigkeit immer die gleiche Forderung zu enthalten: dem Menschen das zu sichern, was ihm gebührt, also das spezifisch Menschliche, daß er sich seiner Taten bewußt ist und dafür Verantwortung trägt. Damit bestätigt er die Untrennbarkeit seines Freiheitsbedürfnisses und seines Gerechtigkeitsstrebens. Es gibt somit etwas im menschlichen Dasein, das sich nicht in den Dienst des Lebenwollens oder gar des Bes-

serlebenwollens stellt. Dies hält sogar zuweilen der Anwendung von Macht stand.

So sind also «Macht» und «Lebenwollen» durchaus nicht Selbstzweck. Erst die Gerechtigkeit verleiht ihnen Sinn, macht aus ihnen Mittel im Dienst der Gerechtigkeit.

Doch obwohl das Streben nach Gerechtigkeit einer anderen Kategorie angehört als die Macht, ist es zugleich auf zweifache Weise mit der Macht verstrickt: Zunächst hängt das Verständnis von Gerechtigkeit weitgehend von den jeweiligen Machtstrukturen ab. Und weiterhin kann sich Gerechtigkeit immer nur unter den Verhältnissen der Macht verwirklichen. Der zuerst erwähnte Zusammenhang ist bereits hinreichend von Autoren untersucht worden, die sich an der marxistischen Kritik orientieren. Ich möchte mich daher dem zweiten Punkt zuwenden.

Das Streben nach Gerechtigkeit ist nur dann glaubwürdig, wenn es in der gesellschaftlichen Wirklichkeit fußt. Dazu muß es sich seine Organe schaffen und Macht erlangen. Es kann sich zum Beispiel politischer Parteien bedienen. Nehmen wir einmal an, gewisse Parteien hätten sich zum Ziel gesetzt, ihr Verständnis von Gerechtigkeit zu verwirklichen. Sie stellen ein Programm auf und nehmen zu den Tagesproblemen Stellung. Doch schon bald werden ihnen ihre Gegner – oder auch ihre radikaler denkenden Gesinnungsgenossen – vorwerfen, sie würden aus Wahlkampfopportunismus oder übergroßer Kompromißbereitschaft ihre Ziele verraten. Aber um für Gerechtigkeit kämpfen zu können, um sie tatsächlich zu verwirklichen, muß man zuerst einmal bestehen; man muß da sein. Es hat keinen Sinn, darauf zu verzichten, zu handeln, nur um sich nicht die Hände schmutzig zu machen. Die Gerechtigkeit muß sich Macht erobern, wenn sie glaubwürdig sein und sich durchsetzen will. In der politischen Praxis ist «Macht *oder* Gerechtigkeit» keine echte Alternative, zumindest verliert sie an Deutlichkeit.

Die ganze Widersprüchlichkeit zwischen der rein moralischen Forderung und ihrer Wirksamkeit in der Praxis wird vor allem dort offenbar, wo es um die Verantwortlichen im Staat geht. Einerseits haben ihre Entscheidungen große Tragweite; sie setzen das moralische Bewußtsein und die Ehre ihrer Bürger aufs Spiel. Andererseits können sie nicht – wie etwa der einzelne Bürger – «um jeden Preis» der Verwirklichung der Gerechtigkeit den Vorrang geben, denn sie stehen unter Erfolgszwang, sie dürfen einer moralischen Forderung zuliebe keine Opfer bringen. Sie müssen die Macht des Staates, den sie vertreten, erhalten und den Schutz seiner Bürger gewährleisten. Dies ist die Aufgabe, die sie bei ihrem Amtsantritt übernommen haben und auf die sie ihr Diensteid verpflichtet.

Eine ernsthafte Analyse der politischen Realität kann also nur zum Pessimismus führen, aber zu einem aktiven Pessimismus. So greift zum Beispiel Simone Weil in ihrem Buch «Unterdrückung und Freiheit» ein von Marx auf den Kapitalismus bezogenes Argument auf und wendet es auf die Macht im allgemeinen an: «Macht bedingt eine Art Fatalität, die ebenso unerbittlich auf den Befehlenden wie auf den Gehorchenden lastet ... Denn angesichts eines ausweglosen Kreises, ist der Herr dem Sklaven furchtbar, allein weil er ihn fürchtet. Und das gilt auch im umgekehrten Sinn, dasselbe trifft für rivalisierende Mächte zu[1].»
«So unterjocht der Machtkampf alle, Mächtige wie Schwache[2].»
So kommt es, daß gewisse Menschen über andere Macht ausüben, obwohl das ihrer innersten Überzeugung widerspricht.

[1] Simone Weil. Unterdrückung und Freiheit. Politische Schriften. München, Rogner und Bernhard, 1975 (Übersetzung aus dem Französischen «Oppression et liberté» und «Ecrits historiques et politiques», Paris, 1955 und 1960 [S. 179/180])
[2] a. a. O. (S. 182)

Trotzdem können sie nicht auf sie verzichten, selbst dort nicht, wo sie für die Verwirklichung der Gerechtigkeit kämpfen. So ist auch Macht niemals ein für allemal gesichert, aber auch nie besiegt. Das ist ihr Schicksal: Sie ist niemals vor Angriffen derer sicher, über die sie herrscht, noch vor Übergriffen jener, die sich um sie reißen. So muß sie immer mehr Macht an sich reißen, weil sie an ihrer eigenen Ohnmacht leidet. Das wäre Grund genug, zu verzweifeln und alle Hoffnung zu verlieren, wenn sich das Wesen der Politik darin erschöpfte.

Das ist jedoch nicht der Fall. Es gibt ein anderes Element, dessen Ursprung dunkel bleibt: den Willen zur Gerechtigkeit, durch den sich die «Nicht-Macht» (nicht zu verwechseln mit der Ohnmacht) zur Geltung bringen kann. Daß sie wirksam werden kann, hängt mit dem Wesen der Macht zusammen. Macht, so haben wir gesehen, beruht stets auf der Angst, auf der tiefverwurzelten Angst verwundbarer und sterblicher Wesen. Es ist diese Angst, welche den Mächtigen nach immer mehr Macht und den Nichtmächtigen nach Macht streben läßt. Aber was geschieht, wenn ein Mensch aufhört, Angst zu haben? Er wird nicht mächtiger, aber die Macht verliert die Herrschaft über ihn, es sei denn, sie vernichte ihn. Das aber wird der Macht gefährlich – die Geschichte hat es uns gelehrt.

Der Mensch, der keine Angst mehr hat, wird so zum Zeugen. Und da eine enge Verbindung zwischen Macht und Lüge besteht (denn die Macht muß sich ja notgedrungen als gesichert ausgeben, obgleich sie es niemals sein kann), spricht der Zeuge, der sich außerhalb ihres Bereiches gestellt hat, die Wahrheit, und die Wahrheit allein dient der Gerechtigkeit.

Aber man wird nie die Macht bei dem Streben nach Gerechtigkeit ausschalten können. Daher ist es kindisch, das Paradies der Gerechtigkeit auf Erden für «sofort» oder für «später» zu fordern. Ebenso kindisch wäre es jedoch, das Streben nach Gerechtigkeit als völlig illusorisch abzutun.

Unser Land ist wegen seiner Kleinheit und der geringen Einwohnerzahl von den Machtkämpfen ausgenommen. In den Auseinandersetzungen der Großmächte gilt es als neutral und nicht durch Einschüchterung erpreßbar. Andererseits spielt es auf Grund seiner wirtschaftlichen Stärke und seiner Bedeutung als Finanzplatz machtmäßig eine Rolle und wird somit automatisch in Konkurrenzkämpfe hineingezogen und Einschüchterungstaktiken ausgeliefert.

Die Schweiz hat eher ihres Einflusses als ihrer Ohnmacht wegen Mühe, ihre spezifische Rolle im Kreis der Nationen zu spielen: die Rolle des neutralen, des unparteiischen Zeugen des Wahren im Dienste des Friedens.

Die Vergeblichkeit internationaler Friedensbemühungen rührt nicht zuletzt daher, daß es keinen Schiedsrichter über den Parteien gibt. Der neutrale Kleinstaat könnte diese Rolle noch am ehesten übernehmen, weil er sich der Fatalität der Macht schon eher entziehen kann.

Bei ihm kommt es vor allem darauf an, sich dem zu entziehen, was Simone Weil das Hauptübel der Menschheit genannt hat: «die Ersetzung der Ziele durch die Mittel» [1]. Macht ist nur Mittel zum Zweck; aber weil sie immer bedroht ist, erhebt sie sich immer zum Selbstzweck. Sie ist nicht und darf nicht sinnspendende Quelle sein; sie muß ihren Sinn von anderswoher beziehen, vom Streben nach Gerechtigkeit. Um noch einmal Simone Weil zu zitieren: «Nach der Begriffsbestimmung ist Macht nur ein Mittel.» Oder besser: Macht besitzen heißt einfach Mittel zum Handeln besitzen, die die beschränkten Kräfte des Individuums übersteigen. «Aber weil das Machtstreben unfähig ist, sein Objekt zu ergreifen, schließt es jede Erwägung von Zwecken aus und setzt sich, auf Grund einer unvermeidlichen Umkehr, an die Stelle aller Zwecke. Diese Umkehr der Beziehung von Mittel und Zweck, dieser fundamentale Wahn erklärt die Sinnlosigkeit und das Blutvergießen

[1] a. a. O. (S. 183)

im ganzen Verlauf der Geschichte. Die menschliche Geschichte ist nichts anderes als eine Geschichte der Knechtung, die aus den Menschen – Unterdrückern sowohl wie Unterdrückten – ein bloßes Spielzeug der von ihnen selbst hergestellten Herrschaftsinstrumente macht und die lebendige Menschheit zu einem Ding unter leblosen Dingen erniedrigt[1].»

Der freie Mensch will Gerechtigkeit, und wenn er nach Macht strebt, so will er sie in Schranken halten. Aber die Macht wächst und setzt sich an die Stelle ihres Zwecks: «Die Gerechtigkeit flieht aus dem Lager der Sieger.»

[1] a. a. O.(S. 184)

Die Unterdrückung des Andersartigen

Nicht im Überlegenheitsgefühl gegenüber einer als minderwertig betrachteten Menschengruppe liegt die Wurzel des Rassismus. Das beweist schon der Antisemitismus; wurde er doch von Neid und Furcht vor der angeblichen intellektuellen Überlegenheit der Juden genährt. Wo ein Bedürfnis nach Diskriminierung anderer Gruppen besteht, findet sich immer eine Begründung: Die Gruppe, die man haßt oder verachtet, besteht entweder aus Strebern oder aus arbeitsscheuem Gesindel, aus Leuten, die anmaßend sind oder servil, von diabolischer Intelligenz oder primitiv und vertiert. Die Begründungen sind zweitrangig. Sie dienen dazu, den Rassismus zu rechtfertigen. Verursacht haben sie ihn nicht.

Daher ist es sinnlos, den Rassenhaß bekämpfen zu wollen, indem man die faktische «Gleichheit» aller Menschen postuliert. Wissenschaftlich wird dem Gleichheitsbegriff stets eine gewisse Zweideutigkeit anhaften. «Gleichheit» läßt sich nicht mit Hilfe des Intelligenzquotienten erfassen; der Begriff birgt eine Unzahl unbekannter Größen. Auch wäre dieses Vorgehen wenig wirksam, da es sich gegen eine vorgegebene Rechtfertigung des Rassismus richtet, nicht gegen dessen eigentliche Ursachen.

Die Wurzeln des Rassismus liegen tiefer. Sie sind in der Beziehung zwischen Herr und Knecht begründet, die sich durch die gesamte Menschheitsgeschichte zieht und unter immer neuen Verkleidungen auftritt. Diese Beziehung führt man meist auf die materiellen Bedürfnisse der Menschen zurück, die oft nur durch harte, ermüdende, entwürdigende oder bloß langweilige Arbeit befriedigt werden können, und da die

Mächtigen, die Starken diese Arbeit lieber anderen überlassen, brauchen sie Knechte. Daher die Sklaverei, daher der Rassismus.

Übrigens hat sich daran auch in unseren hochentwickelten Ländern bisher nichts geändert. Trotz Industrialisierung, trotz Maschinen und Technik. Vielleicht hätte eine andere Entwicklung – zur Askese hin – unser Bedürfnis, Knechte zu haben, vermindert, aber wir haben nun einmal diesen Weg nicht eingeschlagen. Wie lange schon wird uns verkündet, die industrielle Revolution werde die Knechtschaft abschaffen? Bisher hat sich das in keinem Land und unter keinem politischen Regime ergeben. Wir haben die Gastarbeiter, die Fremdarbeiter, die «falschen Saisonarbeiter». Wir haben also auch unseren Rassismus mit seinen Rechtfertigungen.

Aber diese materialistische, auf materielle Bedürfnisse zurückgreifende Erklärung legt, so berechtigt sie ist, noch immer nicht die eigentlichen Wurzeln des Rassismus offen. In jedem Menschen ist ein Bedürfnis, das stärker ist als das, sich seine stets wachsenden materiellen Wünsche zu erfüllen: Er will sich bestätigt sehen, etwas gelten, über anderen stehen. Daher der eingefleischte Rassismus jener z. B., die man in den ehemaligen Kolonien «die kleinen Weißen» nannte. Daher der «demokratische Rassismus» jener unserer Landsleute, die sich dank ihrer Geburt im Besitz aller wahren schweizerischen Stammestugenden betrachten.

Ein solcher Rassismus ist notwendigerweise irrational und triebbedingt. Mit Argumenten kommt man gegen ihn nicht an.

Er ist irrational, weil die Minderwertigkeit des anderen nicht auf irgendeine greifbare Eigenschaft zurückzuführen ist (die man als nichtexistent beweisen, oder die der andere ablegen könnte), sondern allein auf die Tatsache, daß er der andere ist. Der andere ist seinem Wesen nach minderwertig, und diese Minderwertigkeit bezieht sich selbst auf seine Begabungen, sogar auf seine Überlegenheit auf diesem und jenem Gebiet, die nur die von vornherein feststehende Tatsache bestätigen kann: Der andere ist der andere, und ich bin von meinem Wesen her dazu berufen, ihn mir zum Knecht zu machen.

Man könnte den Rassismus vielleicht durch gezielte Aufklärung eindämmen, indem man allzu krasse Vorurteile brandmarkt und ein wirklichkeitsgetreueres Bild an die Stelle jener phantastischen Karikaturen setzt, die der Kollektivgeist zu seiner Rechtfertigung erfunden hat. Doch beseitigen wird man den Rassismus damit nicht.

Um ihn auszurotten, muß man viel tiefer gehen. Man muß bis zum Sinn jener Freiheit vordringen, durch die der Mensch erst zu sich selbst findet, indem er einen endlosen Kampf gegen das Herr-Knecht-Verhältnis, gegen die Neigung des Stärkeren, die Herrschaft an sich zu reißen, und für jene gegenseitige, progressive und doch stets bedrohte Erkenntnis ficht, die in der allgemeinen Erklärung der Menschenrechte ausgedrückt ist.

Wenn allen Menschen die gleichen Rechte zustehen, so nicht darum, weil sie tatsächlich alle gleich wären, sondern weil sie alle gleichermaßen zu Freiheit, Selbstverantwortung und Vernunft befähigt sind. Daß der eine stärker, schöner oder intelligenter sein mag als ein anderer, ändert nichts daran. Denn jeder kann, solange er lebt, nach seinem freien Ermessen etwas an seiner Umgebung, am Leben seiner Mitmenschen, an seinem eigenen Leben und dem Sinn, den er ihm gibt, verändern. Was zählen dann noch besondere Befähigungen oder die Hautfarbe? Ist es nicht vielmehr so, daß dieses geheimnisvolle Etwas, auf dem die menschliche Würde beruht, gerade auch der Verschiedenheit der Menschen ihre besondere Bedeutung und ihren Wert verleiht? Deswegen bleibt die Forderung auf Anerkennung der Menschenrechte absolut, auch wenn sie im Laufe der Geschichte immer nur annäherungsweise verwirklicht worden ist. Alle jene guten Gründe, mit denen man ihre Verletzung immer wieder gerechtfertigt hat, können dagegen nichts ausrichten.

Gerade weil der Rassismus letztlich aus dem Geltungsbedürfnis erwächst, und weil die Menschenrechte nicht naturgegeben sind, sondern sich allein vom Geheimnis der möglichen Freiheit ableiten lassen, wäre jeder Verzicht darauf, die absolute Gültigkeit dieser Rechte zu fordern, bereits ein Verstoß gegen sie.

Die Verbote, die sich das menschliche Gewissen im Laufe der Jahrhunderte gesetzt hat, sind starken Veränderungen unterworfen. Allen Verstößen zum Trotz sind diese Forderungen in neuerer Zeit immer eindringlicher, konkreter und genauer geworden. Damit wird der Gegensatz zur Wirklichkeit immer augenscheinlicher; und dies erklärt zum Teil das heute vorherrschende schlechte Gewissen, insoweit es ehrlich und nicht selbstgefällig ist.

Der Kampf um die Menschenrechte beschränkt sich allerdings nicht auf den Kampf gegen den Rassismus in allen seinen Erscheinungsformen. In diesem Punkt haben es sich die Vereinten Nationen leider etwas leicht gemacht, denn es ist heute nun einmal leichter, die Zustimmung aller Regierungen zur Verurteilung des Rassismus und vielleicht auch der wirtschaftlichen Ausbeutung zu erlangen, als zu irgendeiner anderen Form der Verletzung der Menschenrechte.

Verpflichtet die Achtung vor den Menschenrechten dazu, jedem Menschen, ohne Ansehen von Geburt, Rasse, Geschlecht oder Vermögen das Recht auf Selbstverwirklichung in Freiheit zuzugestehen, so verpflichtet sie auch dazu, jene Grundrechte in Erinnerung zu rufen, die ihm auf keinen Fall verweigert werden dürfen: das Habeas Corpus, das Recht auf Freizügigkeit in seinem Lande und aus seinem Lande; das Recht auf Ausdruck seiner Meinungen und Gedanken; das Recht, seinen philosophischen oder religiösen Glauben auszuüben; das Recht auf politische Meinungsfreiheit und darauf, seinen politischen Ansichten innerhalb des Rahmens gebilligter Gesetze Ausdruck zu geben; das Recht, die Gedanken anderer zur Kenntnis zu nehmen und über alle wichtigen Ereignisse in der Welt aufgeklärt zu werden.

Die konkrete Ausübung solcher Rechte setzt allerdings gewisse Bedingungen voraus: das Recht auf Ausbildung, d. h. das Recht, sich die für die eigene Meinungsbildung und für die zur Berufsausübung notwendigen Kenntnisse zu erwerben; das Recht auf ein Mindestmaß an sozialer Sicherheit, damit nicht der Kampf um das tägliche Brot jeden anderen Gedanken ersticke; das Recht, an der Kultur seiner Zeit teilzuhaben usw. Es sind Rechte, die sich stets weiter ausbauen und vervollkommnen ließen, die also nie zur Gänze verwirklicht werden. Der Fortschritt im Bereich dieser Rechte hängt von der Beachtung der oben erwähnten Grundrechte ab, deren systematische Verletzung einer Verneinung des Menschen gleichkommt.

Schon deshalb schulden wir all jenen Dank, die heute trotz Bedrohung ihres Lebens und ihrer Freiheit gegen die Internierung in Straf- und Arbeitslagern, Gefängnissen und Irrenhäusern, gegen alle totalitären Eingriffe in die Menschenrechte protestieren und die Ehre in einer Zeit retten, in der die politische und moralische Erpressung mit all ihren Begleiterscheinungen und das Nachgeben gegenüber der Erpressung üblich geworden ist und als fast selbstverständlich hingenommen wird. Der dem menschlichen Geist auferlegte Zwang, die damit verbundene Verletzung seiner Menschenwürde ist nicht weniger schrecklich als die Verletzung der Würde jener Menschen, die sich in ihrer Hautfarbe oder in ihren Sitten von uns unterscheiden.

Wann werden wir endlich lernen, die Verschiedenartigkeit der Menschen und die durch sie bestimmte Mannigfaltigkeit der Wege zur Wahrheit zu schätzen? Denn sie sind das Pfand der Freiheit, sie bilden den unerschöpflichen Reichtum menschlicher Beziehungen.

Wider die politische und wirtschaftliche Erpressung

Unter Erpressung verstehe ich den auf den Willen und das moralische Gewissen eines Menschen oder einer Gemeinschaft ausgeübten Zwang. Wer einer Erpressung nachgibt, ist nicht nur gezwungen, etwas zu tun, das er nicht tun will, etwas zu sagen, das er nicht sagen will, etwas zu verschweigen, das er nicht verschweigen will, er ist gezwungen, gegen sein Gewissen zu handeln und zu reden. Es ist durchaus möglich, daß der Erpresser dabei Ziele verfolgt, die ihm in seinen Augen als lobenswert erscheinen, wie die Erlangung von Auskünften, mit denen er Menschenleben retten, Attentate verhindern oder aber sie erfolgreich ausführen kann. Doch das ändert nichts an der Tatsache, daß er seinem Opfer in seinem innersten Wesen Gewalt antut, es zum Selbstverrat, zur Aufgabe seiner eigenen Überzeugung von Gut und Böse und zum Handeln gegen sein eigenes Gewissen zwingt und es dadurch seiner Würde und seiner Selbstachtung beraubt.

So ist hier weder das Ziel des Erpressers entscheidend, noch irgendein von einem Dritten abgegebenes sogenanntes objektives Urteil über das Ergebnis der Erpressung. Entscheidend ist allein die dem moralischen Gewissen des Opfers angetane Gewalt. Das Opfer sieht sich der Eigenschaften beraubt, die es erst zum Menschen machen: seiner Freiheit und seiner Selbstverantwortung. Es wird vor die Wahl gestellt, entweder nachzugeben (also Verrat zu begehen) oder das zu verlieren, das ihm am teuersten und lebensnotwendigsten ist. Im allgemeinen wird die Erpressung so geplant, daß der Betroffene sich nicht einfach opfern und sein Leben lassen kann. Er muß andere opfern.

Barrès schrieb: «Die Erpressung setzt bedingte Drohungen voraus, mit denen man sich die Auszahlung von Beträgen erzwingt, auf die man kein Recht hat.»

Dieser Satz geht am Kern dessen, was Erpressung ist, vorbei. Er reduziert sie auf Raub unter Anwendung von Drohungen. Das wäre wie der typische Fall eines Überfalls, bei dem der Räuber dem Kassierer die Pistole vor die Brust setzt. «Eine Bewegung, und ich schieße.»

In dieser einfachsten Form der Gewaltanwendung spielt das Element der Erpressung nur insofern eine Rolle, als der Kassierer den Alarm auslösen könnte, als er glaubt, es tun zu müssen, und als die Drohung, die ihn an der Ausübung seiner Pflicht hindert, ihn sich selbst gegenüber zum Feigling macht.

Die Erpressung tritt viel klarer zutage, wenn der Erpresser über Beweise verfügt, die das Opfer der Liebe und Achtung seiner Angehörigen berauben und letztere ins Unglück stürzen könnten. Kauft das Opfer dann jene Beweise zurück, so liegt das Grundübel der Erpressung nicht in der Tatsache, daß der Erpresser «sich die Auszahlung von Beträgen erzwingt, auf die er kein Recht hat». Es liegt vielmehr darin, daß das Opfer eine von ihm nicht gutgeheißene Tat «belohnen» muß, um eine von ihm ebenfalls als schändlich empfundene Lüge aufrechtzuerhalten, was die sich selbst entgegengebrachte Verachtung nur verdoppelt.

Diese beiden Formen der Erpressung erscheinen uns jedoch heute neben denen, an die wir uns gewöhnen mußten, als kaum typisch. Bei Entführungen, Geiselnahmen, Ölboykott usw. geht es nicht in erster Linie um die Erzwingung von Zahlungen, sondern um die Bedrohung des Lebens anderer Menschen, um die Opfer zu zwingen, ihre eigenen Begriffe von Ehre und Recht mit Füßen zu treten: Verbrechern Millionenbeträge auszuhändigen, Personen in Freiheit zu setzen, die von einem ordentlichen Gericht verurteilt worden waren, und zu geschichtlichen oder politischen Ereignissen durch von den Erpressern diktierten Äußerungen Stellung zu nehmen. In meinen Augen ist Erpressung eher mit Folter als mit Raub verwandt. Sie verletzt das moralische Empfinden, bricht den Willen des Menschen und zwingt ihn zu Handlungen, die ihm sein Gewissen verbietet.

Die Erpressung kann auch in der Drohung bestehen, einem Menschen oder einer Gemeinschaft lebenswichtige Güter vorzuenthalten. Ein solcher Fall war z. B. der Ölboykott. Ich weiß wohl, daß es jedem zusteht, etwas das er besitzt zu verkaufen oder nicht zu verkaufen, und daß die Araber folglich das Recht hatten, den Verkauf ihres Erdöls zu verweigern. Aber eine solche Maßnahme geht entschieden über das Besitzrecht hinaus. Nehmen wir an, jemand besitze einen See oder einen Fluß. Verdursten die Menschen in seiner Umgebung, so hat er nicht das Recht, ihnen das Wasser seines Sees oder Flusses zu verweigern, nur weil es ihm gehört. Knüpfte er politische oder moralische Bedingungen an die Erteilung der Wasserzufuhr, so wäre dies Erpressung.

Erpressung – ganz gleich, um welche Art von Erpressung es sich handelt – bleibt immer ein Gewaltakt. Natürlich hofft der Erpresser dabei auf die moralische Schwäche oder Feigheit des Erpreßten. Die Gefühle, die der Erpresser seinem Opfer gegenüber empfindet, sind von Verachtung geprägt. Beim Opfer kann das nur Haß auslösen. So stehen sich Haß und Verachtung gegenüber. Auf beiden Seiten verunmenschlicht sich die Beziehung. Was übrigbleibt, ist Gewalt; und die Verachtung ist eigentlich die Spur der unterdrückten und verlorenen Freiheit und Menschenwürde.

In allen Zivilisationen findet man das in den verschiedenartigsten Formen zum Ausdruck gebrachte Gefühl, daß dem menschlichen Wesen etwas zusteht, daß jeder Mensch einen Anspruch auf Würde und Ehre hat, den man nicht mit Füßen treten darf. Aber es gibt Zeiten des Verfalls, in denen sich der Ehrbegriff (und ich spreche dieses Wort, das in unserer Geschichte eine so bedeutende Rolle gespielt, und das man so oft mißbraucht hat, mit einer gewissen Scheu aus) abstumpfen kann. Und ich habe den Eindruck, daß er gerade heute sehr abgestumpft ist. Man beobachte nur jenes biedere Wohlwollen, das die Berichterstatter der Presse, des Rundfunks und des Fernsehens beseelt, wenn es um Geiselnahmen oder Flugzeugentführungen geht. Die meisten scheinen es ganz natürlich zu finden, daß man sich den Erpressern fügt, die verlangten Lösegelder bezahlt und die Opfer mit politischen Zugeständnissen, mit der Freilassung von rechtskräftig verurteilten Verbrechern freikauft. Aber verletzt ein solches Handeln nicht das Ehrgefühl? Außerdem leistet es künftiger Erpressung Vorschub und führt zu weiteren Entführungen und Menschenraub. Jedes Freikaufen schafft neue Opfer. Wer der Erpressung nachgibt, unterhöhlt das Recht, ermutigt weitere Erpresser und zermürbt das moralische Rückgrat der Gesellschaft. Man empfindet die erlittene Beleidigung nicht mehr so scharf, wenn man zum Opfer einer Erpressung wird. Man wird weich unter einer dicken Haut.

Natürlich ist es schwieriger, sich der kollektiven Erpressung zu widersetzen als der individuellen. Hier berühren wir den tiefliegenden Unterschied, der die persönliche moralische Verantwortung von der politischen Verantwortung trennt. Der einzelne kann sich dem Zwang der Erpressung oder der Folter entziehen, indem er es vorzieht, zu sterben. Aber was kann der seinem Volk gegenüber verantwortliche Staatsmann tun? Er kann sein Volk bis zu einem gewissen Punkt dazu veranlassen, Entbehrungen hinzunehmen: Die Leute werden mit weniger Heizwärme, an manchen Tagen ohne ihren Wagen auskommen und ihren Lebensstandard einschränken. Aber er kann es nicht ohne die Zustimmung aller zur Lähmung der Industrie, zum wirtschaftlichen Chaos, zur Arbeitslosigkeit und zur Entwertung der Währung kommen lassen. Denn sonst würde er Verrat an seinem Mandat begehen und das ganze Volk den Preis seiner eigenen Integrität zahlen lassen.

Im umgekehrten Fall hätte ein einzelner, der einer Erpressung nachgibt, mit weniger schwerwiegenden Folgen zu rechnen als eine verantwortliche Regierung. Wird eine Regierung erpreßt, so wirken sich die Folgen zuerst auf alle Bürger des Landes und sodann auf andere Länder aus. Denn ein Staat, der sich erpressen läßt, gibt sich selbst auf. Unter den heutigen Umständen sind die Regierungen – um sich einer Erpressung zu widersetzen – auf die Unterstützung jedes einzelnen Staatsbürgers angewiesen, darauf, daß diese ihre Weigerung, der Erpressung nachzugeben, bekunden und die Folgen durch Disziplin und eingeschränkten Verbrauch zu tragen bereit sind. Weiterhin müssen die Regierungen alles daransetzen, um nie in die Lage zu geraten, wo ihnen nur noch die Wahl zwischen Feigheit und wirtschaftlichem Chaos bleibt. Sie müssen sich also vereinigen und gemeinsam nach neuen Energiequellen und deren Anwendungsmöglichkeiten suchen, um sich allmählich aus ihrer heutigen Abhängigkeit zu befreien.

Dem möchte ich noch ein Wort hinzufügen: Es sollte um jeden Preis vermieden werden, den Motivationen, die zum Nachgeben gegenüber einer Erpressung geführt haben, moralische Aspekte beizumengen. Es ist der Gipfel der Würdelosigkeit, wenn der, der der Erpressung nachgibt, sein Handeln mit moralischen Rechtfertigungen zu beschönigen sucht. Wenn er sich schon zum Nachgeben gezwungen glaubt, so soll er wenigstens zugeben: «Ich brauche das Erdöl, und deshalb kann ich nicht anders handeln.» Aber er soll uns mit seinen Rechts- und Moralbegriffen verschonen.
Nichts kann je die Erpressung rechtfertigen, denn sie ruft die Herrschaft der Feigheit hervor. Man glaube nur nicht, daß Klugheit diese in uns lebendige unbezähmbare Weigerung zum Schweigen bringen müsse. Denken wir an Ghandi, den Meister der Gewaltlosigkeit: Gewaltlosigkeit war für ihn mit der Freiheit und dem unbeugsamen menschlichen Stolz ver-

bunden; und er hat gesagt, daß, wenn er eines Tages zwischen Feigheit und Gewalt zu wählen hätte, er sich für Gewalt entscheiden würde. Der Erpressung nachzugeben, heißt, sich moralisch in eine Knechtschaft zu begeben, bevor man tatsächlich geknechtet ist; es heißt, ein der Freiheit unwürdiger Sklave zu sein.

Der Unterschied zwischen Erpressung und bloßer Gewaltanwendung besteht darin, daß letztere dem Opfer seine Unschuld beläßt, denn das Opfer ist wehrlos gemacht. Ein geknebelter Mensch ist keiner Erpressung ausgesetzt, denn er kann keinen Alarm schlagen. Wer aber schweigt oder unter Erpressung spricht, kann anders handeln. Er hat nur Angst, etwas zu verlieren, das ihm teurer ist als seine Ehre. Er begibt sich freiwillig in Knechtschaft. Und das will ja der Erpresser. Darin das Abstoßende der Erpressung.

Die Schweiz und die Menschenrechte

Anläßlich der Hundertjahrfeier der Verfassung von 1874 wurde mir Gelegenheit gegeben, denen meinen Dank auszusprechen, die dieses Land aufgebaut haben, und die nicht zu meinen Ahnen zählten.

Meine Vorfahren waren nicht in Morgarten dabei. Sie lebten nicht hier, als die Verfassung, deren hundertjähriges Bestehen wir feiern, ausgearbeitet wurde. Erst meine Eltern, mein Vater und meine Mutter, kamen vor meiner Geburt nach Genf, weil die in der Schweiz herrschende Freiheit sie anzog.

Ich kenne kein anderes Land, dessen Natur und permanente Daseinsforderung sich so vollkommen mit seinem Unabhängigkeitswillen zu decken scheint. Es ist ein Unabhängigkeitswille, der weder von Machtbestrebungen nach außen noch von starrem Zentralismus im Inneren geleitet ist, ein Unabhängigkeitswille, der weniger nationaler als familiärer und intimer Prägung ist, der in dem Entschluß wurzelt, zu leben und leben zu lassen und jedem seine eigene Persönlichkeit beläßt: in der Achtung vor der Vielfalt der Gruppen und Individuen, im Stolz und in der Freude, diese Vielfalt unteilbar zu wissen. Unsere Verfassung ist da, um diesen verschiedenartigen Menschen ein Zusammenleben zu sichern, in dem niemand von anderen beherrscht wird.

Es genügt nicht zu sagen, die Schweiz habe den Wunsch, die Menschenrechte zu achten. Sie gründet auf dieser Achtung. Fragte man mich, welche Gefühle ich der Schweiz entgegenbrächte, falls sie diese Achtung verloren hätte, so empfände ich diese Frage als sinnlos, denn in einem solchen Falle hätte die Schweiz aufgehört, die Schweiz zu sein. Das bedeutet allerdings nicht, daß die Menschenrechte hier überall und immer verwirklicht worden sind.

Diese Unabhängigkeit in der Vielfalt, dieses Zusammenleben von Menschen, die zuweilen entgegengesetzte Ziele verfolgen, ist keine vorbestimmte Harmonie. Sie mußte im Verlauf der Geschichte nach außen hin, im Innern im Widerstreit der Interessen gesichert werden, und das geht nicht ohne Anwendung von Macht und Gewalt. Aber gerade vom Standpunkt der Menschenrechte aus ist Machtanwendung, so unerläßlich sie auch sei, immer verdächtig. Daher mußte man sie und muß sie noch heute auf ein Mindestmaß herabsetzen und ein Kontrollsystem mit Machtbeschränkungen schaffen.
Derartige Notwendigkeiten haben – wie ich glaube – zu unserer Verfassung geführt. Sie ist nicht aus dem Bedürfnis entstanden, die Macht eines absolutistischen Fürsten zu beschneiden, sondern um das Leben der Kantone auf gewissen Gebieten zu vereinheitlichen. So ging es darum, 1848 die Kompetenzen des Bundes festzulegen, sie 1876 auszubauen und gleichzeitig im Rahmen der Bundesgesetzgebung die Rechte des Bürgers zu erweitern.
Gewiß hat sich die Schweiz dadurch nicht den geschichtlich bedingten Ungerechtigkeiten und Unfreiheiten entzogen, die aus übermäßigen Vorrechten und faktischen Abhängigkeiten herrührten. Aber mit der Verteilung der Kompetenzen an Kantone und Bund haben die Bürger gelernt, den politischen Bereich zu verstaatlichen, ihm auf seiner Ebene, nämlich auf der des Bedingten und des Zugeständnisses, zu begegnen, und dahinter den absoluten Anspruch bestehen zu lassen, der sich im Gemeinschaftsleben der verschiedenartigen Gruppen als Achtung vor dem anderen widerspiegelt.
So bildeten sich im helvetischen Dasein eine Anzahl von sozialen Gefügen, Gewohnheiten und Sitten, deren sich die Bürger heute kaum noch bewußt sind, weil sie zu Selbstver-

ständlichkeiten geworden sind. Sie bilden den unentbehrlichen Nährboden für das Wirken der Bundesverfassung.

Man gestatte mir, ein Beispiel zu nennen, nämlich die Bedeutung, die man in unserem Lande den Minderheiten beimißt – ob es sich nun um sprachliche, politische (z. B. eine bei einer Abstimmung unterlegene Gruppe) oder religiöse Minderheiten handelt. Niemals wird die Mehrheit die Minderheit übergehen oder sie ignorieren. Jeder weiß, daß man ihr ihren Platz einräumen, sie anhören, sie berücksichtigen und in gewissen Fällen sogar – nicht im Verhältnis zu ihrer Stärke, sondern ihrer Schwäche – unterstützen muß. In einer vielfältigen, sich rasch wandelnden Gemeinschaft sind derartige organische Gewebe viel wichtiger und gefährdeter, als man im allgemeinen annimmt. Ihnen gebührt viel Rücksicht.

Je mehr sich die Industriegesellschaft entwickelte, desto komplexer wurden die Voraussetzungen für die Unabhängigkeit des einzelnen und des Staates. Es genügt nicht mehr, dem Zwang direkt mit Machtmitteln zu begegnen. Die Unabhängigkeit ist ja nur dann gewährleistet, wenn das Land seine wirtschaftliche Stellung unter den Nationen behaupten kann, wenn die Menschen in gesicherten materiellen und sozialen Verhältnissen leben, wenn es ihnen nicht an Nahrung, Wohnung, Arbeit und Krankenpflege fehlt. Und selbst das ist nicht genug. Um in einer immer komplizierteren Welt seine wahre Unabhängigkeit zu bewahren, braucht man Ausbildung und Information, geschichtliche und räumliche Orientierung, muß man sich Beurteilungsmaßstäbe aneignen. Dies erfordert nicht nur lange Schuljahre in Kindheit und Jugend, sondern lebenslange Anstrengung und Schulung. Das ist noch nicht alles. Um wirklich unabhängig zu sein, müssen die Menschen voll und ganz Menschen sein, sich ihrer selbst bewußt werden, ihre Mitmenschen verstehen, so verschieden sie auch sein mögen, sich den Mühen und Freuden menschlichen Schaffens erschließen, sich an den Werken ihrer Vorfahren oder an denen aus anderen Ländern erfreuen. Das nennt man dann Kultur.

So haben sich sowohl in unserer Verfassung als auch in der Allgemeinen Erklärung der Menschenrechte neue Artikel angereiht, die die materiellen, sozialen und kulturellen Voraussetzungen persönlicher Unabhängigkeit sichern sollen.

Viele von ihnen haben sich unabhängig voneinander ergeben, ohne daß man sich ihrer grundsätzlichen Gemeinsamkeiten bewußt wurde. Das erklärt zum Teil, warum unsere Verfassung heute von einem Gestrüpp neuer Artikel überwuchert ist. Sollte man künftig anläßlich einer Revision unserer Verfassung ihre Strukturen zu vereinfachen suchen, so müßte man wahrscheinlich einmal die gemeinsamen Prinzipien dieser neuen Bestimmungen erklärend festlegen.

Im Grunde handelt es sich bei diesen Zusätzen um eine Konkretisierung des ursprünglichen Wunsches nach Unabhängigkeit im Rahmen der Verfassung und der Gesetze. Oft wird das Gegenteil behauptet, als ob die Verfassung einzig und allein Einschränkungen hervorbrächte. Doch wird die Forderung nach gleichen Rechten für alle, besonders wenn sie sich konkretisiert, immer einigen Betroffenen als einzwängend erscheinen. Es wäre ein Irrtum, anzunehmen, Rechtsvorschriften allein könnten eines jeden Unabhängigkeit und Freiheit gewährleisten. Sie bieten dazu nur die Möglichkeit. Es liegt an jedem einzelnen – und das wird immer so sein –, diese Möglichkeit wahrzunehmen und zu einem freien Menschen zu werden. Niemand wird durch äußere Umstände zu einem freien Menschen, sondern nur durch die Bemühung um seine eigene Freiheit und durch seine aktive Teilnahme am gemeinsamen Schicksal.

Während sich so die Bedingungen der persönlichen Unabhängigkeit vertiefen, kompliziert sich gleichzeitig die Frage der nationalen Unabhängigkeit. Und auch da genügt es nicht, äußere Einschränkungen von sich zu weisen oder sich im

Namen einer traditionellen und anerkannten Neutralität von allen Konflikten fernzuhalten.

Die gegenseitige Abhängigkeit der Staaten ist zu einer Tatsache geworden, ob man sie nun wahrhaben will oder nicht; sie besteht in erster Linie innerhalb von Westeuropa, aber auch mit anderen Ländern und Erdteilen. Unabhängigkeitsstreben kann heute nicht darin bestehen, diese gegenseitige Abhängigkeit zu leugnen, sondern aktiv an ihrer Gestaltung mitzuwirken, in der festen Entschlossenheit, ihr Form, Struktur und Richtung zu geben, und dabei jene Werte zu verwirklichen, die den Kerngedanken unseres Staates ausmachen: die Menschenrechte und die persönliche Unabhängigkeit. Dann wird die Schweiz im Ausgleich für die Vorteile der Neutralität, die sie ihren Bürgern vermittelt, überall dort ihre guten Dienste anbieten, wo Europa und die Welt sich für den Frieden organisieren. Diese guten Dienste werden gewiß ihr eigenes Risiko in sich tragen, vielleicht auch ihren Preis fordern. Sie werden in dem Bemühen bestehen, unter allen Umständen als neutraler Staat die Stimme der Unparteilichkeit, der Objektivität und des Rechts zu vertreten.

Ich habe die alten sozialen Gefüge erwähnt, die im Laufe der Zeit das Wirken unserer Verfassung ermöglichten, und ich habe ihre Zerbrechlichkeit und ihren Wert unterstrichen. Aber es gibt leider Probleme, die noch nicht auf gesetzlichem Weg gelöst werden können, weil unser Sozialgefüge, die Denk- und Lebensgewohnheiten und das Moralempfinden im Volk bisher nicht genügend entwickelt sind. Man gestatte mir, zwei dieser Probleme herauszugreifen.

Das erste Problem betrifft die Frauen. Sie haben das Wahl- und Stimmrecht erworben, und sie sind nun Staatsbürgerinnen geworden. Aber ihre Emanzipation scheint zuweilen in seltsame Bahnen gelenkt, und auf ihren Schultern lasten zwei, manchmal auch drei Arbeitsaufgaben, von denen jede einzelne hinreichend genügte. Es wird noch sehr viel realistischer Einfallsreichtum nötig sein, um eine vernünftige Arbeitseinteilung, geeignete Hilfswerkzeuge und Institutionen zu schaffen. Ich bezweifle, daß sie die Nutznießerinnen der sogenannten Befreiung der Sitten sind. Ich bezweifle auch, daß die Dekriminalisierung der Abtreibung genügen wird, um ihnen die Freiheit der Wahl zu sichern. Diese Freiheit wird erst dann gewährleistet sein, wenn den Frauen echte Alternativen zum Schwangerschaftsabbruch offenstehen, wenn sie unter allen Umständen ihr Kind behalten, es in Würde, Achtung und unter gesicherten materiellen Bedingungen erziehen können.

Das zweite Problem betrifft die Ausländer. Die neutrale Schweiz ist ein Asylland. Das bedeutet, daß jeder, der sich auf Schweizer Boden befindet, in seinem Wert als menschliches Wesen anerkannt wird. Wie kann man es da hinnehmen, daß Ausländer, die bei uns Arbeiten verrichten, zu denen sich kein Schweizer hergeben möchte, gewisse elementare Menschenrechte verweigert werden? Eine solche Situation straft uns Lügen, wenn wir uns auf den Kerngedanken der Verfassung berufen, deren hundertjähriges Bestehen wir feiern.

Gewiß, die Menschenrechte werden niemals voll und ganz anerkannt sein, und die gesamte Menschheitsgeschichte wird nicht ausreichen, das im Menschen zu besiegen, das sich ihrer vollen Anwendung widersetzt. Aber unser kleines, neutrales und reiches Land weiß seit Jahrhunderten, was ein freier Mensch ist, und es hat somit weniger Entschuldigungsgründe als andere Länder. Lange vor unserer heutigen Verfassung, ein Jahr vor der Magna Charta, im Jahre 1214, sicherte die Charta von Neuchâtel den Flüchtlingen in folgenden Worten Freiheit zu: «So ein Neuankommender, der nicht zu unseren Bürgern zählt, in unserer Stadt Zuflucht gesucht, dort ein Jahr und einen Tag gelebt, ohne zurückgefordert zu sein, sich bei seiner Ankunft den Stadtbehörden oder uns vorgestellt und bei Arbeiten zum öffentlichen Nutzen mitgeholfen hat, werden unsere Bürger ihn von dann an als Mitbürger achten, und wie sie wird er in der Not unserer Hilfe versichert sein.»

Es ist erfreulich, daß heute eine immer größere Zahl junger Menschen Gelegenheit hat, sich während Jahren eine fundierte Bildung und berufliche Fähigkeiten anzueignen und am kulturellen Leben teilzunehmen. Es gibt keinen besseren Nutzen, den man aus dem technischen und industriellen Fortschritt ziehen könnte, und eine solche Entwicklung der Persönlichkeit des einzelnen ist gleichzeitig der wahre Zweck dieses Fortschritts, der ihm erst Sinn verleiht. Dies sei unter der Voraussetzung gesagt, daß dabei nicht der Sinn des Menschen für das Wesentliche verlorengehe – denn sonst wäre dieses ganze Streben vergeblich und sogar schädlich. Die Hebung des kulturellen Niveaus der Schweizer darf nicht auf dem Rücken einer neuen Kategorie von Sklaven – der Ausländer – erfolgen. Der eben zitierte, acht Jahrhunderte alte Text mag uns als Maßstab unserer Verpflichtungen dienen.

Man behaupte nicht, daß für beide Probleme, die nur als Beispiele genannt wurden, keine Lösungen zu finden seien. Das Schweizer Volk wird sie an dem Tage lösen, an dem es erkennt, daß ihre Lösung notwendig ist, will es der ureigentlichen Forderung seiner Geschichte treu bleiben. Es wird sie lösen, wie es viele andere, mindestens ebenso schwierige Probleme gelöst hat. Dazu muß es sich nur den Widerspruch vergegenwärtigen, der zwischen dem Geist seiner Verfassung und gewissen Tatbeständen besteht. Jahrestage wie dieser sollten Anlaß zu solcher Gewissensbefragung geben; denn was ist Fortschritt, wenn nicht Verwirklichung der selbst auferlegten Verpflichtungen.

Über die kulturelle Vielfalt

Die kulturelle Vielfalt innerhalb eines Landes stellt in all ihren mannigfachen Ausstrahlungen einen Reichtum dar. Sie schafft jedoch auch Probleme. Dies hängt sowohl mit dem Wesen der Kultur als mit dem des Menschen zusammen. Jede Kultur enthält widersprüchliche Elemente, und jede Kultur entspricht widersprüchlichen Bedürfnissen. Somit sind die daraus erwachsenden Probleme sehr komplex.

Im Kern einer jeden Gemeinschaft steht Kultur als begründendes und verbindendes Element. Durch sie erst fühlt sich der einzelne als Glied einer Gemeinschaft. Gleichzeitig aber läßt sie ihn einen Hauch davon verspüren, was jenseits der Grenzen des Nationalen liegt, der ihn unabhängig macht von der Gemeinschaft, der er angehört. Erst die Kultur öffnet dem Menschen den Weg zu einer Quelle freien Denkens und Lebens, die den Rahmen althergebrachter Traditionen sprengt. Kultur als verbindendes und Kultur als befreiendes Element sind nur zwei verschiedene Aspekte der gleichen Wirklichkeit. Sie widersprechen einander nicht, und schon gar nicht gehören sie verschiedenen Kulturbereichen an.

Der Mensch empfindet das Bedürfnis, einer Gemeinschaft anzugehören, und das ist sein gutes Recht. Er hat aber auch das Recht, sein individuelles Selbst zu entfalten. Und er hat schließlich das Recht, sich die Welt zu eröffnen. Diese Bedürfnisse widersprechen sich oft auf sehr konkrete Weise. Denken wir nur an den Bereich der Sprachen. In einem Land wie Indien zum Beispiel, in dem viele verschiedene Sprachen gesprochen werden, ist es gewiß ratsam und naheliegend, daß ein Kind in seiner Muttersprache lesen lernt. Um sich jedoch mit allen Menschen des Landes verständigen zu können, muß das Kind danach eine zweite Sprache lernen. Aber auch sie eröffnet ihm noch nicht die weite Welt. So muß es eine dritte Sprache lernen. Es ist demokratisch, einer Minderheit das Recht auf die Erhaltung und Pflege, auf den Unterricht in ihrer eigenen Sprache zu lassen. Doch die Anerkennung dieses Rechts bringt zugleich Ungleichheiten für viele Menschen mit sich. Denn wie viele Kinder armer Familien in den Entwicklungsländern können sich die langen Schuljahre leisten, die nötig sind, um drei Sprachen zu erlernen? Und wie viele bleiben gerade wegen des sprachlichen Minderheitenschutzes in den engen kulturellen Grenzen ihrer Minderheitsgruppe oder bestenfalls denen ihres Landes eingeschlossen? Die demokratischen Rechte einer Gruppe sind nicht zwangsläufig mit denen des Individuums vereinbar.

In dieser Beziehung genießt z. B. Kanada eine Vorzugsstellung. Die beiden Sprachen der stärksten Bevölkerungsgruppen sind Weltsprachen. Da liegt es wohl im Interesse des Landes und in dem des einzelnen, daß jeder wenn irgend möglich beide Sprachen erlernt. Allerdings sollte auch dabei der Vorrang der eigenen Muttersprache deutlich gewahrt bleiben. Denn es scheint mir wesentlich, eine Muttersprache zu haben, und zwar nur eine einzige.

Die Dinge komplizieren sich noch dadurch, daß der Mensch meist nicht nur einer, sondern mehreren Gemeinschaften angehört: einer Nation, einer Minderheitsgruppe, einer religiösen Gemeinschaft, einer Klasse usw. Die mehrfache Zugehörigkeit ist gut für die individuelle Freiheit und Unabhängigkeit. Sie verhindert jedes starre Festhalten an Althergebrachtem, sie fördert kritisches Denken und die Entwicklung eigenständiger Synthesen, in denen die Gegensätze aufgehoben sind.

Vom Gesichtspunkt des Staates aus ist es jedoch wichtig, daß sich die Zugehörigkeiten zu den verschiedenen Gemeinschaften überschneiden und nicht überlagern. Es ist besser, wenn

Mitglieder einer bestimmten Sprachgruppe nicht zugleich einer bestimmten Religionsgemeinschaft oder gar noch der gleichen sozialen Klasse angehören. Ein solches Zusammentreffen ist immer gefährlich und führt fast unweigerlich zu Konflikten.

Es gehört zu einer Kultur, daß sie einen gewissen «Kulturbesitz» bewahrt und überliefert: Normen und Wertvorstellungen, Kunstwerke und Bauten, Bräuche und Sitten, ihre Feste und Lebensrhythmen, die Sprache. Diese Dinge machen ihre Tradition aus. Gleichzeitig befreit sie von dem Ausgeliefertsein an die Natur, bietet Auswahlmöglichkeiten und beseelt Freiheitsbewegungen. Mit ihrer Hilfe vollziehen sich jene Veränderungen, die nicht bloß das Ergebnis brutaler Gewalt sind.

Auch diese beiden Aspekte sind untrennbar. Die Theorie von der Abschaffung der Manipulation durch die bürgerliche Kultur, von der man heute gerne redet, würde den Menschen nicht zu einem Urzustand geistiger Unbestimmtheit zurückführen. Sie würde ihn nur mit einer politischen Lehre indoktrinieren. Es ist absurd, von einem Menschen zu träumen, der von jeder Kultur befreit, leicht wie ein Reisender ohne Gepäck durchs Leben und durch die Geschichte ginge. Ein solches nihilistisches Ideal hätte mit Freiheit, verstanden als Freiheit der Wahl, nichts zu tun und könnte somit auch dem Handeln keinen Sinn geben. Denn Freiheit setzt das Gewicht kultureller Traditionen, setzt gleichzeitig ihre Widersprüchlichkeit voraus. Hier fällt der kulturellen Vielfalt eine wesentliche Rolle zu.

Man unterscheidet gelegentlich zwischen Wesen und Funktion der Kultur. Und man neigt dazu, einen Gegensatz zu konstruieren zwischen einer (geistigen) Kultur, die ihrem Wesen nach zweckfrei sei (also nicht auf einen materiellen oder technischen Vorteil ausgerichtet) und einer (technischen) Kultur, die eine Funktion zu erfüllen habe, die in einem Anpassungsprozeß an die sich stets wandelnden Aufgaben der wissenschaftlichen und technischen Zivilisation bestehe. Tatsächlich wäre es ebenso falsch, diese beiden Aspekte – der Zweckfreiheit und der praktischen Nutzanwendung – völlig voneinander zu trennen, wie sie ganz miteinander zu verschmelzen. Es bedeutet einen Glücksfall, daß die technischen Erfordernisse heute eine vielseitige, langdauernde Ausbildung voraussetzen, die sich in Phasen über ein ganzes Leben erstrecken sollte. Doch jene Puristen, die im Rahmen dieser Schulung einen klaren Trennungsstrich zwischen zweckfreier kultureller Bildung und praktisch anzuwendender, nutzbringender Ausbildung ziehen möchten, könnten ihre positiven Auswirkungen zerstören. Sieht man von dem Erwerb sehr eng begrenzter Spezialkenntnisse ab, so ist die Aneignung einer zweckgerichteten Ausbildung stets mit einem Eintauchen in den zweckfreien Bereich der Kultur verbunden. Umgekehrt befähigt jede gelebte kulturelle Erfahrung den Menschen besser dazu, sich einer nützlichen Aufgabe zu widmen.

Es ist Sache der Lehrkräfte, sich auf allen Gebieten des Unterrichts diese gegenseitige Beeinflussung zunutze zu machen. Es scheint, daß wir immer noch – manchmal ohne es zu wissen – in dem Bedürfnis befangen sind, die Unterschiede zwischen den einzelnen Kulturen einzuebnen. Statt dessen sollten wir uns bemühen, sie in der ganzen ihnen innewohnenden Vielfalt zur Blüte zu bringen, und gleichzeitig alles daransetzen, den Austausch zwischen und das Verständnis für die verschiedenartigen Kulturen zu fördern.

Wenn wir wissen, daß kulturelle Vielfalt ein Reichtum ist, und wenn wir ferner wissen, daß die verschiedenen zeitgenössischen Kulturen noch immer sehr unterschiedlichen geschichtlichen Zeitaltern angehören, so ist es nicht weniger wichtig, daß sie alle eine Gegebenheit in sich aufnehmen, der sich heute keine von ihnen entziehen kann: die moderne wissenschaftliche und technische Zivilisation. Jede Kultur steht vor der schwierigen Aufgabe, Wissenschaft zu integrieren. Dies kann nicht allein dadurch geschehen, daß man sich ihrer Ergebnisse und Errungenschaften bedient. Es setzt eine intensive Kenntnis ihrer Entstehungsgeschichte und ein Nachvollziehen jener Willens- und Denkprozesse, die zu ihrer Entfaltung geführt haben, voraus.

Dann wird man auch ihre Möglichkeiten und Grenzen erkennen. Man wird sich nach und nach von jenem wissenschaftlichen Aberglauben befreien, der vielleicht noch gefährlicher ist als irgendein Aberglauben vergangener Zeiten. Und man wird nicht länger zum Selbstzweck erheben, was nur Mittel zum Zweck sein kann. Anstatt den letzten Sinn des Lebens im technischen Produkt zu suchen, oder umgekehrt unsere technische Zivilisation in Bausch und Bogen zu verdammen, wird man lernen, den wahren Wert all jener Errungenschaften zu erkennen, von denen wir in unserem täglichen Leben profitieren, ohne deshalb die Kultur zu einer Angelegenheit der Bequemlichkeit und des körperlichen Wohlbefindens herabzusetzen.

Es bleibt die Frage nach dem Preis, den wir bereit sind für die Kultur, für das Weiterbestehen der kulturellen Vielfalt zu bezahlen. In den entwickelten und reichen Gesellschaften hängt die Entscheidung, in welche Kanäle dieser Reichtum fließen soll, von den Bürgern ab. Ich erwähnte bereits das Erlernen von Sprachen. Es sollte in jedem entwickelten Land selbstverständlich werden, daß jeder die Möglichkeit hat, sich mindestens eine der Weltsprachen anzueignen. Was die kulturelle Vielfalt angeht, so müßte man den Minoritätengruppen mehr Schutz und größere finanzielle Mittel zusichern. Gewiß, im Bereich der Natur herrscht das Recht des Stärkeren. Aber es ist Aufgabe von Kultur und Politik, dem den Schutz des Schwachen entgegenzustellen und eine Entfaltung in Freiheit zu gewährleisten.

Es ist heute modern, im Bereich der Kultur eine «aktive Teilnahme» zu fordern. Dies ist berechtigt. Die westliche Kultur jedenfalls hat sich schon immer durch ihren kritischen Geist ausgezeichnet. Der Denker oder der Künstler bemüht sich, jene Aspekte und Mißstände aufzuzeigen, die die Gesellschaft, in der er lebt, zu ignorieren neigt. So braucht man nicht bis 1968 zu warten, um der bürgerlichen Gesellschaft ihre Karikatur vorzuhalten – man denke nur an die Maler, Dichter und Schriftsteller des 19. Jahrhunderts. Aber diese kritische Haltung sollte nicht mit Indoktrinierung und bloßer Propaganda verwechselt werden. Kultur und Propaganda sind zweierlei. Deshalb schließt auch die «aktive Teilnahme» keinesfalls eine zum Wesen der Kultur gehörende «aktive Aufnahmebereitschaft» aus. Nur so kann die kulturelle Vielfalt zur Bereicherung für alle werden.

Man muß sich bewußt sein, daß die kulturellen Unterschiede groß sind, und man muß diese Tatsache bejahen. Sie ruhen in jenen geheimnisvollen, mächtigen, symbolischen Wurzeln, aus denen die Identität einer Gruppe erwächst. Diese Wurzeln sind für andere schwer zu erkennen. In dem Maße, in dem man sie respektiert, lassen sie einen jedoch zum wahren Verständnis vordringen.

Man ist heute auf allen Gebieten bemüht, im Rahmen der Kulturpolitik Pläne für die Förderung der Kultur und des Kulturaustausches zu entwickeln. Aber was ihnen erst ihren Sinn verleiht, befindet sich jenseits und kann nicht mit eingeplant werden. Es sind dies die Wertvorstellungen und vor allem der Sinn für eine Wahrheit, die nie endgültig gefunden, nie ganz besessen werden kann, und die die anderen in ihrer unantastbaren Freiheit auf anderen Wegen suchen als wir.

Von der Hoffnung, Mensch zu sein

Als die Jungfrau von Orléans vor Gericht gefragt wurde, ob sie glaube, in der Gnade zu sein, gab sie die berühmte Antwort: «Wenn ich in der Gnade bin, möge Gott mich darin behalten; wenn ich nicht darin bin, möge Gott mich hineinlassen.» Diese Antwort stellt das richtige Verhältnis zur Idee der Gnade dar, sie trifft auch – wie ich meine – auf das Menschsein zu. Wenn man jemanden fragt: «Bist du ein Mensch?», oder wenn man sich selbst diese Frage stellt (was viel seltener geschieht), so läßt sich darauf nicht einfach antworten: «Ich bin ein Mensch», denn damit bezeichnet man ja nur eine zoologische Gattung. Versteht man aber das Menschsein nicht als Zugehörigkeit zu einer zoologischen Gattung, dann ist es etwas, das man nicht einfach als Tatsache feststellen kann. Man ist nicht einfach Mensch; man kann nur hoffen, Mensch zu werden.

Es gibt heute viele junge Leute, die sagen, es sei unmöglich, in dieser Gesellschaft Mensch zu sein. Und dann gehen sie fort, oder begehen Selbstmord, oder fliehen in die Droge.

Sie vergessen, daß die Hoffnung etwas ist, das man nicht verlieren darf. Durch nichts läßt sich beweisen, daß man in einer gegebenen Lage kein Mensch sein kann. Allerdings läßt sich ebensowenig feststellen, daß dieser ein Mensch, jener kein Mensch ist usw.

Nach allgemeiner Auffassung setzt man voraus, daß alle Menschen sich nach Glück sehnen, daß alle das Glück suchen. Der Sinn des Lebens würde demnach darin liegen, andere glücklich zu machen und selbst stets glücklich zu sein. Mit einer solchen Auffassung gelangt man nicht weit. Jeder Mensch hat seine eigene Vorstellung vom Glück. Auch vergißt man dabei – und das ist erstaunlich in einer Zeit, in der soviel Psychologie betrieben wird – eine Einsicht in die menschliche Psychologie, die Schriftsteller, Dichter und Moralisten von jeher gehabt haben: Der Mensch ist für das Glück nicht sehr begabt; er sehnt sich zwar aus der Ferne nach dem Glück, aber sowie das Ersehnte erreicht ist, zerschmilzt es zur Illusion. Glück und Ferne gehören zusammen und kommen nicht ohne einander aus, denn eigentlich gibt es das Glück nur in der Ferne, und man sieht es nur aus der Ferne. Schon deshalb bilden sich die meisten Menschen ein, die anderen seien glücklicher als sie, denn sie sehen das Leben der anderen nur aus der Ferne. Diese Feststellung ist nicht neu. Sie ist so alt wie die Literatur und die Mythologie – nur haben die heutigen Psychologen sie vergessen, und sie sind nicht die einzigen.

Es träumen viele Menschen von einer Welt, die eine große psychiatrische Klinik wäre, in der sie glücklich, d. h. ohne Neid leben würden. Dort sind die Menschen keiner Strafe mehr ausgesetzt. Niemand verlangt etwas von ihnen, denn sie sind ja alle halb oder dreiviertel krank. Man behandelt sie sanft und behutsam, tadelt sie nie, erwartet nichts von ihnen und von sich selbst natürlich auch nicht zu viel, denn das wäre ungesund. Aber diese große psychiatrische Klinik, die unter verschiedenen Bezeichnungen von so vielen ersehnt wird, wäre ein Ort, der viele zum Selbstmord treiben würde, denn dort hätte der Mensch alle Hoffnung verloren, Mensch zu sein. Dort könnte er nicht mehr wie in den alten verachteten Zeiten hoffen, daß der Mensch Unmögliches vollbringen und zum Helden werden kann. Schon heute leugnet man, daß es solche Menschen gibt, denn sonst müßte man sie bewundern, man müßte ihre Überlegenheit anerkennen – und das wäre undemokratisch und schädlich für das Glücksgefühl.

In dieser psychiatrischen Klinik wären alle gleich. Es gäbe nur noch Unterschiede im Krankheitsgrad und sie würden ihr gemeinsames Leben so einrichten, daß alles geduldet würde.

Daß ich eine allgemeine «Glückseinrichtung» für widersinnig halte, bedeutet nicht, daß das Menschsein von den objektiven Gegebenheiten zu trennen wäre, und daß gesellschaftliche, erzieherische und politische Einflüsse keine Rolle spielten. Das wäre unsinnig: Man kann nun einmal nicht aus seiner menschlichen Bedingtheit heraustreten und sich in ein engelhaftes Wesen verwandeln. Wir haben einen Körper mit seinen körperlichen Bedürfnissen, wir leben in einer gesellschaftlichen Gemeinschaft, von der wir abhängig sind. Die realen Gegebenheiten unseres Lebens sind wichtig, und das muß anerkannt werden. So hängen die Chancen, im wahrsten Sinne des Wortes ein Mensch zu werden, von natürlichen, psychischen und gesellschaftlichen Bedingungen ab. Sie hängen von gesicherten Lebensumständen ab, denn für den, der in Not oder tödlicher Gefahr lebt, ist es schwierig, im eigentlichen Sinne Mensch zu werden. Sie hängen ferner von Erziehung, Bildung, Beruf, außerberuflichen Interessen usw. ab. Es gilt, diese Gegebenheiten soweit wie möglich zu verändern, Ungerechtigkeiten zu beseitigen, Änderungen und Verbesserungen durchzusetzen.

Aber das genügt nicht. Selbst wenn alle Voraussetzungen für das Werden des Menschen gegeben wären, so wäre noch nichts getan – bis wir selbst etwas dazu tun.

So mögen manche äußeren Umstände unentbehrlich erscheinen, aber sie sind dennoch nicht ausschlaggebend. Und unentbehrlich sind sie auch nur auf einer sozusagen statistischen, auf die gesamte Menschheit bezogenen Ebene, nicht aber an sich. Die Geschichte hat gezeigt, daß Menschen auch dort und dann ihre Menschwerdung vollzogen haben, wo die Bedingungen nicht gegeben waren.

Man neigt heute dazu, alles als wertlos zu verwerfen, solange nicht optimale Bedingungen verwirklicht sind. Das ist unsinnig: Wäre nämlich all das verwirklicht, was das Menschwerden begünstigt, so stünden wir am Ende der Geschichte. Und das Ende der Geschichte wäre auch das Ende des Menschen, denn sein Menschsein fußt in seiner Freiheit, und Freiheit existiert nicht, wo ein Endzustand, wo Vollkommenheit erreicht worden ist. Das ist etwas, das selten begriffen wird: Die Hoffnung, Mensch zu sein, besteht nur dort, wo alles noch unfertig, wo nichts vollkommen, nichts an sein Ende gekommen ist.

Der Mensch ist eigentlich erst durch den Sündenfall erschaffen worden, und erst damit haben Zeit und Geschichte begonnen. Wie sollte man sich den Menschen vor dem Sündenfall vorstellen? Als ein in der Vollkommenheit lebendes Wesen? Ich weiß nicht, welcher Art dieses Wesen war, aber es war gewiß nicht ein Mensch – ein Mann oder eine Frau. Wer das Menschsein liebt – und ich hoffe, daß die meisten von uns im Menschsein ihre Heimat spüren –, der muß froh sein, mit all dem Ungenügen zu leben, das zum Wesen der Zeitlichkeit gehört. Das heißt natürlich nicht, daß man jeden Mißstand ergeben als zum menschlichen Dasein gehörig betrachten und ihn nicht beheben soll. Etwas als Mißstand, als Ungenügen zu empfinden, bedeutet ja, nach Besserem zu streben. Aber dieses Streben hört nie auf, solange man in der Zeit bleibt.

Die objektiven Umstände, die für das Menschwerden, für die Hoffnung, Mensch zu werden, so wichtig sind, hängen zum großen Teil von Wissenschaft und Technik, von politischen und wirtschaftlichen Strukturen ab. Sie gehören zu dem, was geplant werden kann, und ihre Vervollkommnung ist Aufgabe der Wissenschaftler, Politiker, Technologen und aller Menschen als verantwortliche Bürger. Die Bedeutung dieser objektiven Umstände liegt eigentlich nicht in ihnen selbst. Sie liegt vielmehr im nicht-objektiven, im nicht wissenschaftlich Greifbaren – sie liegt in der sich jedem Plan entziehenden, rein persönlichen Hoffnung, Mensch zu werden. Erst sie verleiht dem Planen und Mühen um den Menschen und sein Glück Sinn und Gewicht.

Allerdings kann es geschehen, daß über dem komplizierten Planen und der mühseligen Arbeit der eigentliche Sinn, der Mensch, vergessen wird. Man verliert sich im Planen, und das Ziel gerät außer Sicht.

Dieser Sinnverlust ist meiner Meinung nach für die Qualität des Lebens entscheidend, wenn man es auch nicht wahrhaben will. Die allerorts erhobenen Proteste entsprechen oft gar nicht dem wirklich erlebten Unbehagen. Sie sind nur Symptome dessen, was den Menschen fehlt. Und was ihnen wirklich fehlt, gehört so intimen, innerlichen, tiefen Bereichen an, daß man es zu äußern nicht imstande ist. Dann schimpft man eben auf Greifbares, Gemeinsames und nimmt Zuflucht in die kollektive Empörung.

Heute gibt es gegensätzliche Methoden, die Möglichkeit des Menschseins zu zerstören. Die erste besteht darin, dem Menschen das Minimum an materiellen, sozialen und kulturellen Voraussetzungen zu verweigern. Das ist zum Beispiel der Fall in den Entwicklungsländern, wo Hunger, Krankheit und früher Tod drohen; es ist auch der Fall in den totalitären Staaten, wo Polizei, Gewalt, Gefängnis zu den täglichen Bedrohungen gehören. Die zweite Methode besteht in der wissenschaftlichen Planung des menschlichen Glücks. Wo alle Bedürfnisse befriedigt sind, verschwinden zwar Hunger und Durst, aber es verschwindet auch die Hoffnung. Produktion und Verbrauch werden so programmiert, daß die Menschen auch in ihren Konsumbedürfnissen manipuliert und eingeplant sind. Nicht mehr die Menschen, sondern die Maschinen, die alles regeln, bestimmen die Geschichte. Damit entsteht das Bild, das von dem großen französischen Ethnologen Lévi-Strauss entworfen wurde: Freie, glückliche Menschen leben ohne Sorge, ohne Verantwortung dahin, und neben dieser angeblich befreiten, geistlosen Menschheit treiben die Maschinen selbständig die Geschichte weiter. Die Geschichte wird von Maschinen gemacht, und die Menschen schauen ihnen zu, wie etwa die epikureischen Götter des Altertums, die auf ihren Wolken saßen und lächelnd auf die sorgenvolle Menschheit herunterblickten.

Die politische Diskussion – sofern sie die Lebensqualität zu ihrem Gegenstand gemacht hat – wird heute größtenteils in diesen beiden entgegengesetzten, zerstörerischen Perspektiven vorangetrieben. Die Zerstörung vollzieht sich einerseits durch Zwang, Armut, Analphabetismus usw. (totalitäre Staaten oder Entwicklungsländer), andrerseits durch die von der Reklame stets von neuem angetriebene Maschinerie des Überkonsums (Industriestaaten). In den industrialisierten Ländern wird somit jede Form von Erpressung wirksam, denn die Sklaven des Komforts sind überzeugt, nichts von dem entbehren zu können, was sie alltäglich genießen.

Vor einer solchen Perspektive schrecken natürlich manche Menschen zurück, vor allem junge Menschen. Daraus entsteht eine dritte Denkrichtung: Man glaubt, es genüge, alle Institutionen und Strukturen der Gesellschaft abzuschaffen, um wieder das ursprünglich Gute im Menschen und die naturgebundene Solidarität zwischen den Menschen herrschen zu lassen. Diese anarchistische Vorstellung vom Menschen, der des Menschen Bruder ist, wenn er nicht durch die Gesellschaft verdorben wird, der keine entgegengesetzte Interessen kennt, der nie in Versuchung gerät, mit anderen Menschen um irgend etwas zu kämpfen, ist recht wirklichkeitsfremd. Derartig irreale Vorstellungen vom Menschen als eines unschuldigen Engels sind in meinen Augen das Symptom eines tiefen Unbehagens. Als positive Theorie sind sie nicht ernst zu nehmen, aber als Symptom eines Unglücksgefühls sind sie es um so mehr, und darin muß man ihnen Verständnis entgegenbringen. Nur aus einem tiefen Unbehagen können Menschen, die nicht Psychopathen sind, auf die Straße laufen und rufen: «Das Paradies, gleich! Das Paradies, heute!»

Ein junger Student kam einmal zu mir und sagte: «Ich kann es nicht ertragen, daß zwei Drittel der Menschheit hungern.» Ich antwortete: «Ich verstehe. Das ist nicht leicht zu ertragen.

66

Aber wenn Sie zu den Menschen gehören, die das wirklich nicht ertragen können, dann hätten Sie nicht Philosophie studieren sollen, sondern Agronomie.» Er erwiderte: «Ach, wissen Sie, ich habe die Gewalt gern.» «Was?» fragte ich. «Wie hängt das zusammen? Sie sagen, Sie könnten es nicht ertragen, daß die Menschheit hungert, und dann sagen Sie, Sie hätten die Gewalt gern?» Darauf sagte er: «Ja, durch die Gewalt habe ich das Gefühl, zur Wirklichkeit vorzudringen.» Ich bin daraus nicht klug geworden. Aber dieses Gespräch zeigt, daß es den Jungen oft gar nicht darum geht, wovon sie reden, sondern um ganz andere Dinge. Ihr Unglück ist es, daß sie das Gefühl haben, der Wirklichkeit entfremdet zu sein. Und sie haben recht: Wer die Hoffnung, Mensch zu sein, aufgibt, hat sich der Wirklichkeit entfremdet. Hat man diese Hoffnung aufgegeben, oder kann man sie innerlich nicht mehr nähren, dann hat man den Kontakt zur Wirklichkeit verloren. Dann ist man nicht mehr sein eigenes Selbst, und dann ist die Umwelt auch keine Wirklichkeit. Man schwebt wie in einem krankhaften Traum.

Es ist klar, daß die Qualität des Lebens in unserer Industriegesellschaft von der Orientierung der Produktion abhängt, von der Qualität der Dinge, die um uns sind und die wir berühren. Sie hängt also auch von dem Preis ab, den wir zu zahlen bereit sind, um bessere Qualität zu erhalten. Jedermann entsetzt sich über die Zerstörung der Landschaft, die Häßlichkeit der Städte usw. Aber die Reinheit des Wassers, der Luft, die Gestaltung der Häuser, die Qualität der Wohnungen zum Beispiel hängen auch von dem Preis ab, den wir bereit sind, dafür zu zahlen. Solange jeder Mensch im privaten Bereich lieber etwas Häßliches kauft, weil es billiger ist, und weil er sich mit dem gesparten Geld noch etwas anderes leisten kann – den Fernseher, das Zweitauto –, wird die Qualität der Dinge eben geringer. Daran, wofür wir bereit sind, Geld auszugeben, Steuern zu zahlen, läßt sich ermessen, wie ernst es uns mit der Qualität des Lebens ist. Wenn eine

Landschaft verschandelt wird, weil überall Hochspannungs-
masten hochragen, so ist es, weil die Leute nicht bereit waren,
den Mehrpreis für unterirdische Leitungen zu bezahlen. Wir
sollten uns darauf besinnen, daß jeder von uns die Produktion
von Gütern durch seine Art des Einkaufens beeinflußt. Die
Qualität des Lebens hängt zu einem Teil auch davon ab – wenigstens die äußere Qualität.

Die Frage stellt sich auch, was ist der Mensch bereit zu zahlen, um Ruhe zu haben: Ruhe, Schönheit, Einfachheit, Einsamkeit – in den Ferien zum Beispiel. Man kann jetzt recht
billig nach Ceylon fahren. Aber einen Ort der Ruhe und Einsamkeit zu genießen, das kostet heute viel Geld.

Wonach richten sich Konsum und Produktion? Wie kann
man diese Orientierung beeinflussen? Wovon hängt sie letztlich ab? Nicht von anderen in erster Linie, sondern von uns
selbst, von der Qualität der Bedürfnisse jedes Konsumenten.
Vielleicht stört Sie der Gedanke, daß Sie selbst die Dinge so
beeinflussen. Trotzdem ist es so. – Die Qualität der Bedürfnisse, die Wahl dessen, wofür die Menschen bereit sind, etwas
zu zahlen, hängt wieder von der Weise ab, wie jeder versucht,
ein Mensch zu sein. Also bleibt in hohem Maße die Erziehung
entscheidend.

Ich habe manchmal Studenten sagen gehört: «Ich schulde der
Gesellschaft nichts.» Da fragte ich sie: «Woher haben Sie das
Wasser zu Hause? Woher haben Sie die Straße, auf der Sie
fahren? Woher haben Sie die Schule, in die Sie gegangen sind?
Woher haben Sie das alles?» Wer denkt mit Dankbarkeit an
die Menschen, die die Straße gebaut haben? Wer hat den
Schülern gesagt, daß die Straße mühsam von Menschen ge-
baut wurde? Und wer hat den Schülern gesagt, daß diese
Menschen nie ausreichend dafür bezahlt wurden, weil
menschliche Zeit und menschliche Mühe nicht bezahlt wer-
den können? Dem Arbeitnehmer, dem Menschen, der die
Arbeit leistet, soll man immer, auch nach ausgezahltem
Lohn, danken, denn er hat seine Zeit gegeben, einen Teil sei-

nes endlichen Lebens, und diese Zeit gibt ihm niemand zurück. Die der Arbeit geschenkte Zeit, die Dankbarkeit dafür – ob das in der Schule behandelt wird? Ich lasse Sie darüber nachdenken. Mir scheint, man habe den Sinn für den lebendigen menschlichen Austausch in der Gesellschaft vergessen, den Sinn für die gegenseitige Arbeit. Man weiß nicht mehr, daß Arbeitszeit nur mit Arbeitszeit bezahlt wird, und mit nichts anderem. Würde man sich dessen wieder erinnern, dann würde auch diese starre Konsumwelt wieder verlebendigt, denn sie ist von menschlicher Zeit, von menschlicher Arbeit und Kraft durchdrungen.

Um ein Mensch zu sein, muß man die Gegebenheiten des Menschen annehmen. Der Mensch ist kein Roboter, keine Maschine, kein Tier und kein Engel, auch wenn sich heute anscheinend viele Menschen danach sehnen, alles andere zu sein als Menschen.
Der Mensch unterscheidet sich dadurch von der Maschine, vom Tier, daß er die Möglichkeit zur Freiheit hat und eine Vernunft. Das macht das menschliche Leben schwer, und es bedeutet keineswegs, daß der Mensch als freies Wesen in jedem Augenblick frei ist, das zu tun, was ihm gefällt. Denn in jedem Augenblick das zu tun, was einem gefällt, ist unbefriedigend und läßt nur innere Leere zurück.
Und noch etwas ist wesentlich: Keine gesellschaftliche Ordnung und kein wissenschaftliches Planen kann den Tod abschaffen. Der Tod kann später kommen, oder mit weniger Schmerzen; unsterblich werden wir nicht. Der Tod, das Leiden, das Erleben der Untreue, das alles gehört zu der menschlichen Bedingtheit. Würde man das Leiden endgültig durch irgendwelche chemischen Mittel – durch Psychopharmaka zum Beispiel – abschaffen, dann hätte man den Menschen abgeschafft. Das Leid, Mensch zu sein, muß in Kauf genommen werden. Auch das gehört zur Erziehung.
Etwas anderes kommt hinzu: Der Rechtssinn, die Achtung

vor dem Gesetz sind heute nicht Mode. Man empfindet eine tiefe Empörung über die Ungerechtigkeit; man genießt diese Empörung, und sie scheint jenem trockenen, überlieferten Rechtssinn weit überlegen! Man muß aber lernen, daß das Recht etwas spezifisch Menschliches ist.

Der Mensch ist dadurch Mensch, daß er an etwas oder an jemandem hängt, daß er etwas oder jemanden liebt. Und woran er auch hängt, wen er auch liebt, es sind immer sterbliche, verwundbare Wesen, die er also schützen und verteidigen muß. Infolgedessen gibt es in ihm – das ist die Kehrseite der Liebe – eine unvermeidliche Aggressivität. Wollte man diese Aggressivität gänzlich abschaffen, wie manche träumen, dann würde man damit die Liebe zerstören müssen. Verschwinden Aggressivität und Liebe, so verschwindet auch der Mensch.

Wenn dem so ist, dann sind Interessenkonflikte zwischen den Menschen unvermeidlich. Diese Konflikte müssen irgendwie geregelt werden, und weil der Mensch vernunftbegabt ist, hat er jene, sehr unvollkommene Lösung gefunden, die Recht heißt. Das bestehende Recht muß ständig verbessert werden; aber auf das Recht verzichten, hieße auf das Menschsein verzichten.

Aus einem ähnlichen Grund wäre es fahrlässig, jeder Erpressung nachzugeben: Das Recht ist kein Naturprodukt. Es ist nicht vom Himmel gefallen, sondern es mußte im Verlauf der Geschichte mühsam errungen werden. Das Recht ist immer in Gefahr, zerstört zu werden; und um es am Leben zu erhalten, muß dafür bezahlt werden. Gibt man einer Erpressung nach, dann rettet man diesen Mann, diese Frau, dieses Kind, aber man gibt das Recht preis, und das bedeutet, daß man künftig Menschen opfert. Das ist Negation des Menschseins. Zur Hoffnung, Mensch zu werden, gehört, wie gesagt, ein Minimum an materieller Sicherheit, und mehr und mehr Gerechtigkeit in dieser materiellen Sicherheit. Mehr und mehr – es gibt da keine Grenze. Aber nie kann diese Gerechtigkeit absolut sein. Der Fortschritt ist ohne Ende, und das ist der Sinn der Geschichte.

Ein weiteres: um Mensch zu werden, muß der Mensch etwas in sich haben, etwas ganz Einfaches, eine Substanz. Das Zerstörerischste für den Menschen ist die Leere, die Leere in ihm selber oder die Leere der Gesellschaft, in der er lebt. So viele junge Leute wissen nicht, was sie mit ihrer Zeit anfangen sollen, sobald ihnen nichts mehr von außen angeboten wird. Da ist die Erziehung wirklich gescheitert. Ich halte es für eine der wichtigsten Pflichten der Schule, nicht nur den Jungen Schulaufgaben zu geben, sondern sie auch daran zu gewöhnen, mit ihrer freien Zeit etwas anzufangen und sich darüber zu freuen, statt sich ins Leere fallen zu lassen.

Natürlich soll normalerweise jene gefährliche Leere durch Bildung gefüllt werden. Was ist Bildung? Die Vergegenwärtigung dessen, was von Menschen früher geschaffen wurde, .d. h. eine Zugehörigkeit zur Gemeinschaft durch die gemeinsame Vergangenheit. Oft wird heute diese Bildung als bürgerlich verworfen. Ich glaube im Gegenteil, daß diese Bildung, die früher das Vorrecht weniger war, nun allen geschenkt werden sollte.

Dann gibt es eine tiefere Bedingung des Menschseins, von der ich nur kurz sprechen möchte: Der Mensch kann nur dann die Hoffnung haben, Mensch zu sein, wenn er etwas in sich weiß, das nicht nachgibt. Etwas, das jenseits der Vernunft ist, das zur Freiheit selbst gehört. Dieses Etwas ist jenseits des Argumentierens, es ist da, wo Sophokles' Antigone beschließt, den Leichnam ihres Bruders mit Erde zu bedecken, obgleich sie weiß, daß diese Erde wieder entfernt werden und ihre Tat zur Katastrophe führen wird.

Warum tut sie es dennoch? Vom Standpunkt der Vernunft kann ihre Tat nicht gerechtfertigt werden. Es gibt eben Dinge, die getan werden müssen, und andere, die nicht getan werden dürfen. Und es gibt eine Grenze, die nicht bei allen dieselbe ist, die aber irgendwo im Menschen existieren muß, einen Punkt, wo plötzlich ein *non possumus* sich erhebt. Das hätte z. B. in der Hitlerzeit Widerstand leisten können. Das lebt in Solschenizyn, Sacharow u. a., wo etwas, was ohnmächtig und fast sinnlos erscheint und fast wirkungslos bleiben muß, doch getan, doch gesagt werden muß. Von irgendwoher kommt hier ein Sinn; eine absolute Sprache wird gehört. Eine solche Herausforderung zum Unmöglichen geht durch die ganze Geschichte. Immer wieder gab es Menschen, die das Unmögliche aus dieser Herausforderung heraus getan haben. Manche haben es allen Umständen zum Trotz gewagt und erreicht, Mensch zu werden. Dadurch haben sie für alle dem Leben Sinn gegeben.

Ich glaube, daß man den Jungen dadurch hilft, daß man etwas von ihnen verlangt, etwas erwartet, daß man sie als verantwortliche Menschen behandelt, die dazu beitragen werden, den Sinn und die Qualität des Lebens zu retten.

Zum Problem der Sterbehilfe

Je mehr man sich mit den Problemen der Sterbehilfe befaßt, desto schwieriger scheint es, Regeln aufzustellen, die zugleich präzis und allgemein gültig sind. Geht es um einen bestimmten Fall, so mag sich die Frage stellen: Wie soll man diese endlose Agonie, diese Qual für Patient und Pflegepersonal ertragen, die ja doch mit dem Tode enden muß? Es scheint leicht, Gesetze zu erlassen, um einen Ausweg aus dieser Hölle zu finden. Versucht man es jedoch, so werden erst die eigentlichen Schwierigkeiten offenbar. Es würde bedeuten, unendlich viele Unterscheidungen zu treffen, wobei es nirgends klare Grenzen gibt.

Auf keinen Fall läßt sich das Problem der Sterbehilfe abstrakt stellen. Den Arzt oder den Kranken an sich gibt es nicht. Vielmehr gibt es eine beschränkte Zahl von Ärzten, und ihre Möglichkeiten sind ebenfalls beschränkt. Ganz unabhängig von ihrer Einstellung zur Sterbehilfe, müssen sie eine Vielzahl praktischer Gegebenheiten berücksichtigen, die ihre moralische Entscheidungsfreiheit einengen. Das Verhalten des Arztes schwebt ja nicht im Raum der reinen Moral, sondern ist von bestimmten sozialen Bedingungen abhängig und stößt sich an physischen und sozialen Schranken aller Art. Umgekehrt haben seine Handlungen, insofern sie sich im Rahmen der Gesellschaft abspielen, unvorhersehbare Auswirkungen. Gewiß wäre es prinzipiell falsch, wenn moralische Erwägungen durch äußerliche Gegebenheiten beeinträchtigt würden. Die moralische Forderung muß in ihrer Radikalität gestellt werden, so als behandle der Arzt an sich den Kranken an sich und wende dabei die moralischen Grundsätze in ihrer ganzen Strenge an. Man darf diese Grundsätze nicht dadurch aushöhlen, daß man auf die jeweiligen Umstände allzu stark Rücksicht nimmt. Andererseits muß man sich stets bewußt sein, daß es diese Umstände gibt.

Die meisten Ärzte unterscheiden mit Recht zwischen aktiver und passiver Sterbehilfe. Die aktive Sterbehilfe setzt dem Leben – und den Leiden – eines Kranken durch eine Tat ein Ende. Die passive Sterbehilfe besteht darin, daß man in einem gegebenen Augenblick darauf verzichtet, das Leben – und die Leiden – eines Kranken künstlich zu verlängern. In der Theorie ist der Unterschied zwischen aktiver und passiver Sterbehilfe völlig klar. In der Praxis ist er es nicht.

Befassen wir uns als erstes mit der passiven Sterbehilfe. Entscheidend ist zunächst, ob auch nur die geringste Aussicht besteht, daß sich der Zustand des Kranken wenigstens soweit bessert, daß der Patient weiterleben kann, und zwar auf der Ebene des bewußten und nicht bloß vegetativen Lebens. Es gibt Fälle, in denen diese Chance gleich Null ist, und es gibt Fälle, in denen eine geringe Chance besteht. Wenn es um Sterbehilfe geht, ist der Unterschied zwischen einer nicht vorhandenen und einer geringfügigen Chance ausschlaggebend.

Es kommt ferner darauf an, ob der Patient noch bei Bewußtsein ist oder nicht. Einem Menschen das Leben zu verlängern, der bei Bewußtsein ist, kann einen menschlichen Sinn haben, jenen Sinn nämlich, den der Kranke seinem Leiden zu geben vermag. Dagegen hat die Verlängerung eines bloß vegetativen Lebens, zumal dann, wenn keine Hoffnung auf Rückerlangung des Bewußtseins besteht, keinen Sinn.

Eines erscheint mir jedoch als unabdingbar: solange nur die geringste Hoffnung auf Wiederherstellung besteht und die Entscheidung allein vom Arzt abhängt, muß dieser alles an eine Heilung setzen.

Wenn jedoch der Kranke bei Bewußtsein ist und sich äußern

kann, so wird er selbst sagen können, ob er weiterbehandelt werden will. Wünscht er zu sterben, so ist die Frage für den Arzt allerdings noch nicht gelöst, denn er ist verpflichtet, Leben zu erhalten, und sein Problem bleibt weiterhin bestehen. Sagt der Kranke aber, er wolle trotz seiner Leiden behandelt werden, um weiter am Leben zu bleiben, so muß das der Arzt um jeden Preis tun. Es steht ihm nicht zu, etwa zu entscheiden, daß der Patient von seinem Leiden befreit werden soll.

Man behauptet zuweilen, der Tod sei nicht länger ein Tabu. Doch mir scheint, daß wir statt dessen nur den Sinn für den absoluten Preis des Lebens verloren haben. Das Bemühen, sich das Leben angenehm, bequem und frei von allen Leiden zu gestalten, ist heute allgemein an die Stelle dessen getreten, was man früher als eigentliche Aufgabe des Menschen ansah: das Leben, so wie es gegeben war, hinzunehmen. Für die Gläubigen war es von Gott gegeben, für die anderen vom Schicksal, der Vorsehung oder der Natur. Es ging darum, dem Leiden einen Sinn zu geben; die Fähigkeit, es zu ertragen, gehörte zum Wesen des Menschen. Ja, der innere Wert eines Menschen wurde daran gemessen, wie er mit dem Leiden fertig wurde. Man suchte das Leiden nicht, aber man ertrug es, wenn es unvermeidlich war und gab ihm einen höheren Sinn.

Heute hingegen fragt man sich oft nur noch, ob etwas das Leben leichter und bequemer mache. Die Frage nach dem Sinn und nach dem Preis, den das Leiden haben kann, wird kaum je gestellt. Doch jedesmal, wenn Leiden ertragen wird, wächst damit die innere Kraft der Menschheit. Denn unter jedem gesellschaftlichen System und in jeder Geschichtsepoche gehört – unabhängig von allem wissenschaftlichen und technischen Fortschritt – das Leiden zum Menschsein. Wir müssen nun lernen, ihm wieder einen Sinn zu geben.

Gerade was das Leiden angeht, besteht – wie gesagt – ein grundlegender Unterschied je nachdem, ob ein Kranker noch bei Bewußtsein ist oder nicht mehr. Ein Kranker, der das Bewußtsein verloren hat, kann seinem Leben und seinem Leiden keinen Sinn mehr geben. Somit sollte die Entscheidung des Arztes allein davon abhängen, ob noch Hoffnung besteht, daß der Patient je wieder das Bewußtsein erlangt. Ist diese Hoffnung ausgeschlossen, dann verliert die künstliche Verlängerung des Lebens des Kranken ihren Sinn.

Ist der Kranke aber bei Bewußtsein, und erfährt er, daß es eine Behandlungsmethode gibt, die ihm – allerdings unter großen Schmerzen – helfen könnte, so mag er sagen, ob er sich ihr zu unterziehen wünscht oder nicht. Entschließt er sich zu leben, so wird das ausgestandene Leiden ein wahrhaft menschliches Leiden sein, das an einen Versuch gebunden ist, der gelingen oder fehlschlagen kann. Weigert er sich, so sollte der Arzt die Genesungschancen, die Meinung der Angehörigen, die Gründe und die möglichen Folgen der Weigerung des Kranken prüfen. Dann trägt er eine so schwere Verantwortung, daß er sie meines Erachtens mit anderen Ärzten teilen sollte.

Man redet heute viel vom «Recht, über seinen eigenen Körper zu verfügen», ja sogar vom «Recht auf den Tod». Es gibt kein Recht auf den Tod. Zwar kann es geschehen, daß jemand von unerträglichen Leiden erschöpft, an einen Punkt gelangt, da er nicht weiter kann und sich aufgibt. Doch mit einem Recht hat das nichts zu tun. Ich kann nicht begreifen, wieso man heute immer mehr dazu neigt, die Grundlagen des Rechts auszuhöhlen, indem man es auf die Ausnahmefälle menschlichen Daseins anwendet, auf die es von Natur aus nicht anwendbar ist. Wenn der Kranke sich selber aufgibt, so hat er damit nicht einfach das Recht zu sterben. Vielmehr muß der Arzt, stellvertretend für ihn, das Leben des Kranken zu erhalten suchen. Es sei denn, er hätte die Gewißheit, daß diese Selbstaufgabe endgültig und unabänderbar ist, und diese Gewißheit würde von den übrigen verantwortlichen Ärzten geteilt.

In einem solchen Falle kann es ausnahmsweise geschehen, daß auch der Arzt beschließt aufzugeben. Doch hängt dieser Entscheid nicht nur von der Aussichtslosigkeit das Leben des Todkranken zu retten, von der Aufrichtigkeit und Beständigkeit der Beweggründe des Kranken, sondern darüber hinaus von einer Vielzahl unwägbarer Faktoren ab. Ich glaube daher nicht, daß ein derartiger Sonderfall Gegenstand der Gesetzgebung sein sollte oder könnte.

Immerhin erscheint es mir in diesen Sonderfällen wie auch bei unheilbar Kranken, die bereits im Koma liegen, gerechtfertigt, daß der Arzt passive Sterbehilfe leistet. Er kann dies tun, indem er darauf verzichtet, die Behandlung fortzusetzen oder indem er die Wiederbelebungsversuche abbricht und so jenem natürlichen Prozeß seinen Lauf läßt, der unweigerlich zum Tode führt.

Es erstaunt mich immer wieder, daß ausgerechnet in diesen gerade erwähnten Sonderfällen die Ärzte oft bestrebt sind, ihre Entscheidungen allein, ohne Einmischung Dritter zu fällen. Ich stelle es mir schrecklich vor, solche Entschlüsse allein zu treffen, statt die Verantwortung mit anderen zu teilen.

Es wäre normal, derartige Entscheidungen innerhalb jener Gruppe zu fällen, die mit der Behandlung und Pflege des Kranken betraut ist. Ein Arzt sagte mir einmal, er berate sich stets mit den Krankenschwestern, da diese den Kranken gut genug kennten, um ein begründetes Urteil abzugeben. Er frage natürlich auch die Angehörigen um ihre Meinung. In solchen Fällen muß gemeinsames Einverständnis herrschen. Denn es gibt Grenzfälle, in denen Entscheidungen getroffen werden müssen, die nicht mehr im Rahmen des gesetzlich Erlaubten und Festgelegten liegen, und in diesen Grenzfällen müssen die Verantwortlichen das Risiko ihrer Entscheidung selber tragen.

Es gibt im Leben immer Entscheidungen, die sich nicht auf bestehende Gesetze abstützen können. Dies bedeutet jedoch nicht, daß man alle denkbaren Grenzfälle durch Gesetze erfassen sollte. Denn dies hieße, die gesamte Menschheit einem Recht zu unterstellen, das sich vor allem auf Grenzfälle stützt. Vielmehr sollte jeder, der außerhalb des Rahmens der Gesetze eine Entscheidung treffen zu müssen glaubt, wissen, daß man ihn dafür zur Verantwortung ziehen kann. Mit anderen Worten: wer glaubt, aus Gründen, die stärker sind als das Gesetz, gegen das Gesetz handeln zu müssen, der muß auch bereit sein, die rechtlichen Folgen dieser Übertretung zu tragen. Dies ist durchaus normal.

Passive Sterbehilfe besteht also – wie gesagt – darin, daß der Arzt darauf verzichtet, länger einzugreifen und eine natürliche Entwicklung aufzuhalten, die unweigerlich mit dem Tod endet. Im Unterschied dazu besteht *aktive Sterbehilfe* darin, daß der Arzt eingreift, um das Leiden des Todkranken zu lindern und dabei die Gefahr auf sich nimmt, daß der Kranke stirbt. In diesem Zusammenhang wird oft das Beispiel genannt, in dem eine Überdosis Morphium gespritzt wird, was eine Lähmung der zentralen Atmungsorgane zur Folge hat. Das Ziel ist also Linderung der Schmerzen, wobei man das kalkulierte Risiko auf sich nimmt, den Tod des Kranken herbeizuführen.

Natürlich handelt es sich hier um Todkranke, für die nicht die geringste Hoffnung besteht, und die unter unerträglichen Schmerzen leiden. Ist man da berechtigt, von Heuchelei zu sprechen? Der Kranke kann seine Schmerzen nicht mehr ertragen. Die Schmerzen haben in ihm bereits all das ausgebrannt, was ihn erst zum Menschen machte; ein bewußtes Annehmen des Leidens ist ihm nicht mehr möglich. In dieser Extremsituation scheint sich mir die Frage nach der Moral nicht mehr zu stellen. Die Injektion des Morphiums, die den Schmerz lindern soll und zum Tod führen kann, wird Teil eines Prozesses, in dem sich die Grenzen verwischen und Linderung der Schmerzen und Komplizität mit dem Tode ineinander übergehen.

So ist der Arzt nicht wirklich vor eine Wahl gestellt. Er fährt einfach fort, den unerträglichen Schmerz zu lindern, auch wenn es zum Tode führen kann, denn es gibt hier keine Hoffnung mehr. Auch hier handelt es sich meiner Meinung nach um einen jener Grenzfälle, zu denen das Gesetz nichts zu sagen hat, und bis zu denen es sich nicht vorwagen sollte.

Häufig wird auch die Frage gestellt, ob der Arzt aktiv Sterbehilfe leisten sollte, wenn der Kranke früher, vor Eintritt der konkreten Situation, eine Erklärung abgegeben hat, worin er bittet, man solle ihm den Tod geben, wenn alle Hoffnung verloren sei. Einer solchen Erklärung würde ich persönlich keinerlei Bedeutung zumessen. Warum? Weil ein solcher Entscheid nur in einem bestimmten Augenblick gefällt werden kann, da sich das Problem konkret stellt. Im voraus getroffen, könnte er voreilig, unüberlegt und – um es klar zu sagen – rein rhetorisch sein, ohne jeden Realitätsbezug.

Wir leben in einer Zeit, in welcher der technische Fortschritt dazu beiträgt, das Leben bequemer, angenehmer und weniger anstrengend, schwierig und schmerzhaft zu gestalten. Und das ist gut. Widerstand zu leisten gilt es erst dort, wo die Grundgegebenheiten menschlicher Existenz mit technischem Fortschritt überspielt werden sollen. Eine dieser Grundgegebenheiten ist das Bewußtsein, daß das Leben, das wir leben, unweigerlich im Tod endet. Wir dürfen nicht zulassen, daß die tausenderlei Anregungen und Eindrücke, die täglich auf uns einströmen, den Sinn, ja den Geschmack des Lebens übertäuben. Denn der Sinn, der Geschmack des Lebens sind nicht unabhängig von seinem Ende und dem Tod.

Wir sind in Gefahr, gleichzeitig den Sinn des Lebens und den Sinn des Todes aus den Augen zu verlieren. Wir versuchen zu leben, ohne uns dessen bewußt zu sein, und zu sterben, ohne es zu merken. Doch damit schaffen wir die notwendigen Voraussetzungen ab, unter denen Leben einen Sinn hat. Die Frage nach dem Sinn verliert ihre Bedeutung. Es sieht so aus, als müsse man sich nur noch versichern, daß man ohne zu leiden vom Leben in den Tod gehen kann. Aber wenn die Menschen die Empfindung für das, was einen Sinn haben soll, verlieren, dann ist das Wesen des Menschen in Gefahr. Und ich spreche hier nicht nur von moralischen Gefahren, sondern von sehr greifbaren Gefahren, denen der Mensch ausgesetzt ist, wenn er nach allen möglichen Fluchtwegen sucht, weil er sich selbst nicht mehr annehmen kann. Wenn nichts mehr einen Sinn hat, dann bleibt nur noch die Droge, die Flucht vor sich selbst, die Gewalt. Der Versuch, alle Probleme nur unter dem Gesichtspunkt der größtmöglichen Annehmlichkeit und Bequemlichkeit zu lösen, zerstört den Sinn und höhlt ihn aus. Doch auch die Euthanasie, der leichte, bequeme Tod, der den Sinn des Leidens leugnet, höhlt den Sinn des Lebens aus und bedroht die Menschheit.

Soll man die Sterbehilfe legalisieren? Wenn man diese Frage aufwirft, so zweifellos vor allem, um die Ärzte jeder Schuld zu entheben. Man ist heute ja auf allen Gebieten bestrebt, jeden von Schuld freizusprechen, so wäre Schuld eine Krankheit, mit der man zugleich zum Psychiater rennt. Warum soll man eigentlich jeden Menschen seiner Schuld entheben? Jeder trägt seine Last an Gewissensbissen. Es scheint mir nur normal, daß ein Arzt, der vor Entscheidungen gestellt ist, wie die, von denen hier die Rede ist, im Laufe seines Lebens eine gewisse Schuldlast auf sich lädt.

Das Wort «Euthanasie» kommt im Strafgesetzbuch nicht vor, und ich glaube, daß dies richtig ist. Das Gesetz muß das Leben, das Recht auf Leben schützen, es muß die Sicherheit des Kranken gewährleisten. In Ausnahmefällen wird der Arzt – und wenn möglich nicht allein – angesichts einer extremen medizinischen und menschlichen Situation eine Entscheidung treffen, die nicht auf dem Gesetz beruht. Er wird seine Verantwortung tragen, und er wird sich bemühen, sie mit anderen zu teilen. Vielleicht ist es möglich, in den deontologischen Vorschriften einige Klarstellungen anzubringen, aber nicht im Strafgesetz. Man könnte Vorsichtsmaßnahmen und Verhaltensregeln festsetzen und bis zu einem gewissen Punkt ein Verfahren institutionalisieren, das die Kontrolle erleichtert und eine Teilung der Verantwortung erlaubt. Aber der Arzt trägt sein Risiko, so wie jeder andere, der einen verantwortungsvollen Beruf ausübt.

Würde man dagegen die Sterbehilfe legalisieren, so liefe man Gefahr, sehr bald jenen gewissen, vage umrissenen, zerbrechlichen, aber wesentlichen Sinn für die Unantastbarkeit des Lebens zu verletzen, der den menschlichen Gemeinschaften innewohnt.

Überlegungen zum Schwangerschaftsabbruch

Zwei Vorbemerkungen seien mir gestattet, die auf den ersten Blick nicht zum Thema zu gehören scheinen.

Erstens: Verglichen mit den Neugeborenen anderer Gattungen, ist das neugeborene Menschenkind ein höchst unfertiges Wesen. Seine Entwicklung vollzieht sich erst in der sozialen Umwelt. Somit wird es gleichermaßen von seiner sozialen Umwelt mit ihren Bedingtheiten und Traditionen bestimmt wie von seiner biologischen Erbmasse. Beide Entwicklungsfaktoren, Natur und Gesellschaft, sind unlösbar miteinander verknüpft. Es wäre unsinnig, außer acht zu lassen, daß die kulturelle Bedingtheit des Menschen ebenso tiefreichend ist wie seine biologische Bedingtheit, oder dies als althergebrachtes Vorurteil abzutun.

Zweitens: Im Mittelpunkt aller Kulturen nimmt das Sakrale einen wichtigen Platz ein – was es auch immer sein möge. Und in den meisten Kulturen besteht, soweit ich informiert bin, eine enge Beziehung zwischen Sakralem und Sexualität, hier verstanden als Fruchtbarkeit, als Kindergebären, als fortwährender Sieg über den Tod.

Was heilig ist, wird im allgemeinen gleichzeitig verehrt und mit einem Tabu belegt; denn in ihm vollzieht sich etwas Tatsächliches, das zugleich dem Bereich des Absoluten angehört. Man kann sich nun fragen, ob die Bestrebungen zur Enttabuisierung der Sexualität, die wir in den letzten Jahren miterlebt haben, die Sexualität nicht zu einer bloßen Frage der Bequemlichkeit oder der Hygiene herabgemindert, und damit zu einer unendlich langweiligen Angelegenheit gemacht haben. Diese Gefahr erscheint mir viel ernster als die der Erotik:

Denn der Sieg der Langeweile kann den Sinn des Lebens zerstören.

Die Liberalisierung der Abtreibung gehört in diesen Zusammenhang. Es erschiene mir leichter, sie zu befürworten, wenn die Gesellschaft, in der wir leben, sie stärker ablehnte. Aber die Liberalisierung geht in die gleiche Richtung wie alle diese Versuchungen. Die Abtreibung wird dadurch zu einer banalen Angelegenheit.

Ich möchte hier nicht nochmals auf all die Ängste eingehen, die so viele Frauen empfinden, wenn sie sich einer Schwangerschaft bewußt werden, die sie aus dem einen oder anderen Grund nicht verantworten zu können glauben. Alles ist bereits über die schreiende Ungerechtigkeit gesagt worden, der sie im Vergleich zur Freiheit und Straflosigkeit ihres Partners und im Hinblick auf ihre soziale Lage ausgesetzt sind. Auch über die tatsächlichen, und nicht bloß theoretischen Konsequenzen der strafrechtlichen Verfolgung des Schwangerschaftsabbruchs nach dem heutigen Gesetz ist wohl alles gesagt worden.

Ohne irgendwelche Schlüsse zu ziehen, oder Partei ergreifen zu wollen, möchte ich auf zwei Probleme, zwei Aspekte des Problems hinweisen, denen man bisher zuwenig Aufmerksamkeit gewidmet hat. Das eine betrifft das Argument: «Jede Frau hat das Recht, frei über sich und ihren Körper zu verfügen.» Das andere betrifft die Auswirkungen, die eine völlige Straffreiheit des Schwangerschaftsabbruchs auf das «sittliche Empfinden» der Gesellschaft und auf ihren «Sinn für das Leben» haben könnte.

Die Freiheit der Frau: Es scheint mir, daß man sich davon eine sehr abstrakte Vorstellung macht, so als stelle allein schon die Möglichkeit, sich kostenlos in eine Klinik oder von einem guten Arzt abtreiben zu lassen, so etwas wie «Freiheit» dar. Das kann bestenfalls ein Ausweg sein – oft ist es der einzige –, und er wäre dadurch weniger schwierig und gefahrvoll gemacht. Aber damit ist es noch keine «Freiheit». Um wirklich frei zu sein, muß die Frau eine echte Wahl unter folgenden Möglichkeiten haben: Sie behält ihr Kind unter annehmbaren materiellen Umständen, mit einem Minimum an Sicherheit und ausreichenden Chancen für die Zukunft; – oder sie verzichtet auf ihr Kind, bringt es zwar zur Welt, aber läßt es von anderen Menschen unter günstigeren Umständen erziehen; – oder sie läßt sich abtreiben. Solange ihr nicht die ersten beiden Möglichkeiten eindeutig offenstehen, hat die Frau keine Wahl: Dann ist sie zum Schwangerschaftsabbruch getrieben, ob man ihr die Abtreibung nun leicht macht oder nicht. Es ist ja für die Gesellschaft viel billiger und bequemer, die Abtreibung zu gestatten, als die notwendigen Bedingungen für die ersten beiden Möglichkeiten – und besonders für die erste – zu schaffen.

Ich möchte hinzufügen, daß der sogenannte «freie Entschluß» gerade in einer solchen Frage stark von augenblicklichen Empfindungen und Gefühlen abhängt. Er kann sich von einer Woche auf die andere, von einem Tag auf den anderen, ändern. Eine Frau kann sich leicht zur Abtreibung entscheiden, weil sie zwar weiß, sich aber nicht voll bewußt ist, daß sie ein lebendes Wesen in sich trägt. Professor Geisendorf sagte mir, daß viele Frauen ihren Entschluß ändern, nachdem sie dank eines Geräts das Herz ihres Kindes schlagen gehört haben. Man hüte sich daher, eine völlig abstrakte Freiheit anzupreisen.

Die Auswirkungen auf das «sittliche Empfinden» der Gesellschaft: Ich weiß, daß ich hier von etwas rede, das sich nicht genau umreißen läßt. Dennoch erscheint es mir sehr wichtig, innerhalb des Beziehungsnetzes einer Gesellschaft, innerhalb des empfindlichen Gewebes von sittlichen und moralischen Empfindungen, aus denen sich unsere Verhaltensmuster bilden. Wenn wir auf der Straße gehen, so schieben wir uns nicht blindlings wie Bulldozer voran, wir vermeiden es, einander anzurempeln, wir berücksichtigen «instinktiv» (aber es ist ein sozialer Instinkt) die Gegenwart der anderen Passanten. Es besteht eine unbewußte Rücksichtnahme vor dem lebendigen Körper, die uns ohne jede moralische Überlegung vermeiden läßt, weh zu tun. Ist die Abtreibung einmal zur Gewohnheit geworden, so schwächt sich dieser Instinkt, diese Zurückhaltung, diese verschwommene Rücksichtnahme ab. Was innerhalb eines normalen sozialen Gefüges selbstverständlich war – nicht zu verletzen, nicht weh zu tun, nicht zu töten –, wird plötzlich in Frage gestellt und diskutiert. Das gleiche trifft übrigens auf die Sterbehilfe zu. Ich weiß wohl, daß es in beiden Fällen darum geht, Leiden zu lindern. Aber in einer Gesellschaft, die die Abtreibung vorsieht, werden auch die, die davon gar nicht direkt betroffen sind, eine Luft atmen, in der es gestattet ist, dem was leben könnte, den Tod zu geben. Dies wird die Einstellung zum Schutze des Lebens zweifellos verändern. Es wird zum Mittel, das sich einem Zweck unterordnet. Und da der Mensch nun einmal zu Gewalttätigkeit neigt, wenn es an sein eigenes Leben-wollen geht, trägt ein solcher Verstoß Folgen, die schwer vorauszusehen sind. Denn das Leben des anderen könnte dann nicht mehr ebenso schützenswert erscheinen wie das eigene.

Allerdings ist das in meinen Augen kein ausreichendes Argument gegen eine vernünftige Liberalisierung, wenn ich bedenke, welche Tragödien das jetzige Gesetz verursacht hat. Es ist aber ausreichend, die Abtreibung als einen erbärmlichen letzten Ausweg zu betrachten und nicht als etwas, das ebenso normal wäre wie eine Geburt.

Es gibt auf diesem Gebiet kein «gutes Gesetz». Aber wir müssen uns eingestehen, daß das, was heute geschieht, in empörendem und unerträglichem Maße Recht und Menschlichkeit verletzt. Und unter diesen Umständen erscheint mir das in Frankreich von Simone Weil vertretene Gesetz noch am wenigsten anfechtbar: Es macht die frühzeitige Schwangerschaftsunterbrechung nicht mehr strafbar; vor allem aber befreit es die Frau aus ihrer Einsamkeit und Isolierung, indem es sie verpflichtet, in einer Rücksprache alle anderen möglichen Mittel und Auswege auszuforschen und ihr eine Frist zum Nachdenken auferlegt.

Einen Punkt möchte ich jedoch noch hervorheben. Sowohl die Befürworter der Liberalisierung als auch die Verfechter der Strafbarkeit der Abtreibung machen sich der Heuchelei schuldig, solange sie nicht vor allem dafür kämpfen, daß die Gesellschaft der Mutter einen anderen Ausweg bietet, der es ihr erlaubt, ihr Kind in materieller Sicherheit und ohne soziale Ächtung großzuziehen.

Die Befürworter der Liberalisierung des Schwangerschaftsabbruchs reden von der «Freiheit» der Frau, obgleich sie keine Wahl hat. Ihre Gegner bezeichnen eine Tat als «Verbrechen», die solange unvermeidlich ist, als es keinen anderen Ausweg gibt. Unter beiden Gesichtspunkten ist es unerläßlich, daß die Gesellschaft sich verpflichtet, Mutter und Kind unter allen Umständen die gebührende Achtung entgegenzubringen, für die Sicherheit der Mutter und des Kindes zu sorgen (durch Schwangerschaftsurlaub, finanzielle Unterstützung, Beratung, Teilzeitarbeit, Kinderkrippen usw.).

Aber all das würde die Gesellschaft sehr teuer zu stehen kommen. Wenn man darüber nachdenkt, beginnt man sich zu fragen, ob die Liberalisierung des Schwangerschaftsabbruchs – solange sie nicht durch die oben genannten Unterstützungsmaßnahmen für Mutter und Kind ihr Gegengewicht erhält – überhaupt eine soziale und fortschrittliche Maßnahme ist, oder ob sie nicht eher der Gesellschaft dazu dient, sich einer kostspieligeren mühevolleren Aufgabe zu entziehen.

Über die Verantwortlichkeit des Straftäters

In seinen Anfängen war das, was wir heute Recht nennen, eng mit Macht und Gewalt, mit der Moral, der Theologie, mit dem Besitz verquickt; den Begriff des Rechts «an sich» gab es noch nicht. Dann kam eine Zeit, in der das Recht seine höchste ihm eigentümliche Ausprägung erreichte, und in der es sich in den Vorstellungen von «moralischer Verantwortlichkeit» und der «Schuld» verinnerlichte. Heute scheint man mehr und mehr dazu zu neigen, das Recht (in seiner spezifisch juridischen Form) durch Medizin und Hygiene zu ersetzen – mit anderen Worten: Kausale Erklärungen treten allmählich an die Stelle der eigentlichen «Verantwortlichkeit».
Übrigens scheint die Selbstbestimmung des Individuums einer ähnlichen Entwicklung gefolgt zu sein. Zu Beginn ist sie eingetaucht in ein verschwommenes Kollektivgewissen, das Schuld stellvertretend auf Tiere, tote Dinge, Verstorbene überträgt. Im weiteren Verlauf verwirklicht sie sich im individuellen Gewissen, in der Verantwortlichkeit der Person. Und schließlich wird sie erneut in dem Maße ausgelöscht, in dem der Mensch mehr und mehr als Produkt von Umweltsfaktoren und Erbmasse erscheint, in denen Soziologie und Biologie schlicht die tieferen Ursachen für sein Verhalten sehen.
«Verantwortlichkeit» im vollen Sinne des Wortes wird sich mit positivistischen Methoden notwendigerweise nie feststellen lassen, denn «Verantwortlichkeit» ist keine Tatsache, sondern eine existenzielle Haltung, die Freiheit (die auch keine Tatsache ist) voraussetzt und an Wertnormen gebunden ist. Wenn der Positivismus sich nicht als Methode erkennt,

die die Untersuchung menschlicher Einzelphänomene gestattet, wenn er sich vielmehr als Grundlage menschlichen Verhaltens betrachtet, dann gelangt er dazu, im Menschen nichts anderes als «Zweibeiner ohne Federn» zu sehen.

Die Ausklammerung des Problems des freien Willens mag methodisch bequem und sogar erfolgversprechend sein, aber sie bleibt rein verbal. Denn was bedeutet «Verantwortlichkeit» ohne freien Willen?

In der heutigen Rechtspraxis spricht man von «beschränkter Verantwortlichkeit». Aber gibt es überhaupt Grade der Verantwortlichkeit? Karl Jaspers, der Psychiater war, bevor er Professor der Philosophie wurde, glaubt an die uneinschränkbare Verantwortlichkeit jedes Menschen, auch des Geisteskranken; denn wie wäre er sonst ein Mensch?

Was mir an der heutigen Auffassung als störend und widersinnig erscheint, ist, daß die Deshumanisierung des Menschen (der Mensch wird seiner unerläßlichen Verantwortlichkeit enthoben) hier einhergeht mit einer Humanisierung des Strafrechts, mit Nachsicht und Wohlwollen. (Psychologische und resozialisierende Maßnahmen treten anstelle von Zwang und Strafe.) Darin liegt ein gefährlicher Widerspruch. Er könnte dazu führen, daß man die Einordnung in die Gesellschaft auf Kosten der Persönlichkeitsrechte des einzelnen begünstigt.

Hat das Recht eigentlich die Gerechtigkeit zu ihrem Inhalt – oder Nützlichkeitsbestrebungen? Handelt es von beidem? Und wenn ja, in wessen Namen? Es scheint mir zuweilen, daß Hygiene und Humanisierung sich mit den Wissenschaften gegen den Menschen und seine Verantwortlichkeit verbündet haben. Man konzentriert sich nicht länger auf den Straftäter und seine Verbrechen; man berücksichtigt statt dessen die Wirklichkeit des Individuums. Aber ist es denn die Wirklichkeit des Individuums? Denn hier ist ja nicht von einem Individuum die Rede, das sich seine soziale Existenz schafft, sondern vom Menschen als Objekt, der durch äußere Einflußfaktoren in seinem Verhalten bestimmt und somit erklärbar wird. Die Psychiatrie, die Anthropologie und die Soziologie untersuchen diesen zum Objekt herabgewürdigten Menschen und erschüttern den Sinn für Verantwortlichkeit und Strafe. Etwas weiteres kommt hinzu: «Straftäter, die in ihrer Einsichtsfähigkeit in das Unrecht einer Handlung oder in ihrer Kontrolle über ihre Handlungen beeinträchtigt sind», seien als unzurechnungsfähig anzusehen und somit nicht strafbar. Hier scheinen die objektiven Kriterien für Geisteskrankheit oder Unzurechnungsfähigkeit zu fehlen. Wir stellen also fest: 1. Die traditionelle Auffassung von Verantwortlichkeit (die ein an Werte gebundenes Subjekt voraussetzt) ist noch vorhanden. 2. Um einen Straftäter behandeln anstatt bestrafen zu können, entmenschlicht man ihn; allerdings gesteht man ihm weiterhin menschliche Triebfedern zu, die ja allein dem «Wiedereingliederungsversuch» seinen Sinn geben. Denn sonst wäre seine Bestrafung sinnlos (der «Zweibeiner ohne Federn»). 3. Da es hier aber keine festen Richtlinien gibt, neigt man dazu, die entmenschlichende Nachsicht immer mehr zu verallgemeinern. Der Begriff der Verantwortlichkeit verschwindet allmählich. Die Humanisierung könnte dabei ihre Daseinsberechtigung und ihre Wirksamkeit verlieren.

M. Graven sagt in seiner «Entwicklung des strafrechtlichen Verantwortlichkeitsbegriffes», die «entscheidende Umwandlung» habe sich in der italienischen positivistischen Schule vollzogen, da die erfahrungsbegründete Methode das Strafrecht zu einer positiven Wissenschaft machen könne. Hier liegt meiner Meinung nach eine grundsätzliche, entscheidende Verwirrung der Begriffe vor. Ein «Straftäter», der in seinem Verhalten durch soziale und biologische Faktoren bestimmt ist, ist kein Straftäter mehr. Wie kann man da noch von «nützlichen Maßnahmen» sprechen? Nützliche Maßnahmen für wen? für was? – Die gleiche Frage stellt sich bezüglich der Wirksamkeit der von der internationalen Union für das Strafrecht geforderten Reform. Eine Reform wozu? Welchen Sinn soll sie haben?

Ich möchte die Behauptung wagen, daß Mensch und Gesellschaft, und insbesondere alles, was «normativ» und «imperativ» ist, unvereinbar bleibt mit den von den positiven Wissenschaften untersuchten Gegenständen. Diese Wissenschaften sind solange von Nutzen, als sie Aspekte des Menschen und der Gesellschaft erhellen. Aber sie können z. B. nicht von «Recht» oder von der «Verantwortlichkeit» sprechen, ohne dabei – oft unbewußt – auf das Wissen um eine andere Ordnung und ihre Wertmaßstäbe zurückzugreifen. Soviel zur theoretischen Seite dieses Problems.

Was die praktische Anwendung angeht, so möchte ich nach der Wirksamkeit der beabsichtigten Weiterentwicklung des Rechts fragen. Läuft man nicht Gefahr, daß mit einer weitgehenden Humanisierung des Strafrechts die Herrschaft der Willkür und damit der Gewalt wiederhergestellt werden? Und besteht nicht die viel größere Gefahr, daß außerhalb des eigentlichen Bereichs des Strafrechts die «sozialen Normen» ausgehöhlt werden, daß jene unbestimmte, aber wirksame Achtung der Normen schwindet, ohne die es keine Gesellschaft gibt? – Am Anfang schöpfte das Gesetz seine Kraft aus seinem göttlichen Ursprung, und die Straftat war ein Sakrileg. Etwas ist davon geblieben: Die Ahnung von einem Bereich jenseits der gesellschaftlichen Wirklichkeit, wo eine gewisse «Gerechtigkeit» (die keine Vergeltung ist) herrscht, die der Ordnung ihren Sinn verleiht. Die Entwicklung sozialer Normen, die sich in dem Maße vollzog, wie sich die verschiedenen Ebenen gesellschaftlicher Wirklichkeit herausbildeten, hat eines langen Zeitraums bedurft. Sie sind ein zerbrechliches, bedrohtes Gut. Schon deshalb erscheint mir die Alternative, soziale Wiedereingliederung oder Strafe und Sühne ungenügend. Es gilt noch etwas zu berücksichtigen, das sich wie so vieles Wesentliche innerhalb der sozialen Wirklichkeit nur schwer genau umreißen läßt, das aber trotzdem unerläßlich ist. Man hat die Ansicht vertreten, daß trotz des Verlustes des traditionellen Verantwortlichkeitsbegriffs, ein «inneres Gefühl» ihn dennoch aufrechterhalte. Aber vielleicht ist dieses «innere Gefühl» nur noch ein «Bodensatz», den jene Epochen in uns zurückgelassen haben, in denen dieser traditionelle Begriff von Verantwortlichkeit bestimmend war und alle Ebenen der Gesellschaft durchdrang? Und werden wir diesen bis auf uns gelangten Bodensatz auch weiterhin überliefern können? Denn andernfalls wird die eigentliche «Triebfeder» der Humanisierung des Strafrechts zerbrechen.

Es erscheint mir somit unerläßlich, ins Zentrum der Humanwissenschaften wieder ihren eigentlichen Gegenstand zu stellen: den Menschen, der nicht Produkt verschiedener Faktoren ist, sondern frei und selbstbestimmend.

Mann und Frau als Partner?

Denken wir an die Jahrtausende der Knechtschaft und der mit Gleichmut ertragenen Leiden, die die Frauen erduldet haben. Die Bürde der Mühen und Schmerzen, die fast überall auf ihnen gelastet hat, ist unvorstellbar. Gewiß, es hat Ausnahmen gegeben – Lichtblicke in Einzelfällen oder Gemeinschaften. Aber im allgemeinen wird das abertausendjährige Los der Frauen am besten durch jenes Bild widergegeben, das eine Frau zeigt, die unter einer schweren Last gebeugt einen steinigen Pfad dahin wankt, neben ihr der Mann, aufrecht, die Hände frei, über der Schulter vielleicht eine Waffe. Die Frauen lebten in einem so tiefen Unglück, daß sie wahrscheinlich ihrer Lage kaum bewußt waren: Um sich nämlich einer Sache gewahr zu werden, muß man den Kopf erheben, die Lage überblicken und sich etwas anderes vorstellen können. Sie vermochten es fast nie. Alles wurde als selbstverständlich, als naturgegeben angesehen. Niemandem fiel es ein, daß man etwas ändern könnte. Ich denke an einige Romanfiguren von Zola, an jene Arbeiterin zum Beispiel, die von ihrem kargen Lohn ihren ewig betrunkenen Mann und dessen Geliebte ernähren muß. Warum erträgt sie das? Nicht weil sie wirtschaftlich abhängig ist, denn sie verdient ja den Lebensunterhalt für alle drei. Sie ist innerlich versklavt, und so kommt ihr der Gedanke, fortzugehen und sich ein neues Leben aufzubauen, gar nicht in den Sinn. Dies ist das schlimmste Zeichen der Knechtung, daß jeder Gedanke an Befreiung, jede Vorstellung, daß es anders sein könnte, fehlt. Und daß diese totale Unterdrückung weniger schmerzhaft sein mag, da ja das Bewußtsein nichts von ihr weiß, macht sie nicht weniger empörend.

Als ich die Anthologie «Le Droit d'être un homme» für die UNESCO zusammenstellte, wollte ich darin nicht nur Texte aufnehmen, die das Recht eines jeden auf Menschenwürde verkündeten, sondern auch solche, in denen jene Klage erhoben, deren Menschenwürde nicht respektiert wurde. Wer sich beklagt, trägt noch die Forderung nach Menschenwürde lebendig in sich. So suchte ich auch nach Texten von Frauen. Ich fand sie nicht: Die Frauen waren schon unter dem großen Schweigen derer begraben, die zu geknechtet sind, um zu reden, zu denken, und fast um zu leiden. Die tiefste Knechtschaft ist stumm. Sie äußert sich nicht, sie verspürt nicht einmal mehr den Wunsch, angehört zu werden. So wählte ich den Text eines mittelalterlichen türkischen Volksliedes aus, in dem eine Frau darüber klagt, daß man sie gegen ihren Willen verheiratet habe.

Daran ermißt sich der Weg, den wir zurückgelegt haben. Wenn sich die Dinge geändert haben, ist dies gewiß zum größten Teil der allgemeinen Entwicklung unserer Zivilisation im Laufe der Geschichte zu verdanken. Aber auch die ersten Frauenrechtskämpferinnen haben viel dazu beigetragen. Diese Frauen haben mit Mut und Hingabe gekämpft und sich trotz aller Hindernisse Gehör verschafft. Doch auch dies war nur dank der Freiheitsfermente möglich, die immer wieder innerhalb unserer westlichen Traditionen wirksam werden. Auch wenn diese Fermente jahrhundertelang nicht erkannt oder verleugnet wurden, auch wenn sie lange Zeit hindurch als Theorien galten, denen die Tatsachen widersprachen, so haben sie doch Ergebnisse herbeigeführt. Wir leben in einer langen Tradition, in der der menschlichen Person ein hoher Preis beigemessen wird. Und nur weil die menschliche Person in unserer westlichen Kulturwelt dieses hohe Ansehen genießt, konnten Knechtschaft und Sklaverei nach und nach zurückgedrängt werden.

Es ist heute Mode geworden, alles, was zur Kultur und Tradition gehört, als etwas dem Menschen Aufgezwungenes, Andressiertes, als eine Manipulation seines Geistes zu betrachten. Demnach bestünde die Befreiung des Menschen in der Verwerfung von Kultur und Tradition. Welch seltsamer Gegensatz: In den Ländern der dritten Welt klammert man sich dagegen an die einheimischen Kulturen und Traditionen, die Kolonialisierung und Vordringen der Industriewelt zu zerstören drohen. Die Menschen der dritten Welt wissen, daß sie mit ihrer Kultur auch ihre Identität verlieren würden. Denn Kultur und Tradition – jede Kultur und jede Tradition – gehören zu den Dingen, die erst ein menschliches Wesen ausmachen. Sie ernähren es und fördern seine Wünsche nach Veränderung. Es wäre falsch, Tradition und Kultur als etwas Konservatives und Unbewegliches anzusehen. Erst im Humus der Tradition mit ihren nie völlig verwirklichten, nie völlig verstandenen Werten verwandeln sich die Kulturen, indem sie die Freiheit der von ihnen geprägten Menschen wirken lassen. Hier ist ein Kreislauf, ein Ineinanderwirken von Tradition, Kultur und Freiheit der Menschen. Eine Freiheit ohne Tradition oder Kultur wäre leer. Und so entspringt selbst die Idee der Gleichheit, im Namen derer man die in Ungleichheit befangenen Traditionen ablehnen will, unserer Tradition. Um Partner zu sein und um sich gegenseitige Achtung zu erweisen, muß man auf den Boden der Tradition zurückgreifen, die die Würde des Menschen zum Prinzip erhoben, und unsere westliche Kultur bestimmt hat.

Man hat mich einmal gefragt, ob der Rückgriff auf die Tradition dazu dienen könne, die heutige Aufgabenverteilung zwischen Mann und Frau zu rechtfertigen. Hier meine Antwort: Insoweit diese Arbeitsteilung in unserer Gesellschaft verwurzelt ist, wird sie auch in jedem von uns verwurzelt sein. Eine Frau, die eine Arbeit ausführt, die traditionell als weiblich gilt, wird also im allgemeinen das Gefühl haben, etwas ihr Entsprechendes zu tun. Hat sie dieses Gefühl nicht mehr, so unterliegt die Tradition bereits einem Wandel. Die traditionelle Aufgabenverteilung ist kein Tabu. Man sollte daraus kein Dogma machen, dem sich alle fügen müssen und an dem es nichts zu ändern gibt. Es genügt aber auch nicht zu sagen: Das entspricht lediglich überkommenen Traditionen; also muß es abgeschafft und verworfen werden. Ebenso falsch wäre es, ein durch die Vernunft erfundenes Modell als allgemeingültig zu deklarieren: etwa die Auffassung, daß Mann und Frau sich täglich gleichermaßen in alle Hausarbeiten zu teilen hätten. Das sind abstrakte Regeln. Wenn einmal Männer und Frauen dank des technischen Fortschritts weniger lange arbeiten müssen, werden sich diese Fragen von selbst anders stellen. Für den Augenblick liegt es noch so, daß, wenn ein Ehepaar zusammen in der Küche ist, die Frau das übrigens sehr befriedigende Gefühl haben wird, von ihrem Mann Hilfe zu empfangen, und der Mann sich ebenso zufriedengestellt fühlt, Hilfe zu leisten, und nicht umgekehrt. Das heißt, daß die traditionelle Aufgabenverteilung noch recht lebendig ist.

Die Frau ist vor allem ein menschliches Wesen, aber ein menschliches Wesen konkretisiert sich ja immer als Mann oder Frau. Frau zu sein, ist nicht irgendeine beiläufige Eigenschaft, wie blondes, schwarzes oder weißes Haar zu haben. Das menschliche Wesen «Frau» muß zuerst seinen Platz in einer sich wandelnden Welt finden. Die wissenschaftliche und technische Zivilisation, über die man so gern herzieht, weil das jetzt modern ist, deren Errungenschaften man aber trotzdem gern genießt, diese wissenschaftliche und technische Zivilisation hat die für die Arbeit erforderliche Körperkraft weitgehend durch Maschinen ersetzt. Sie hat damit die größte Ungleichheit zwischen Mann und Frau, die physische Ungleichheit der Muskelkraft, bedeutungslos werden lassen. Die Arbeitsplätze in unserer Gesellschaft sind einander ähnlicher geworden und damit auch die Eignung. Gegenüber den in dieser Gesellschaft zu erfüllenden Aufgaben werden Mann und Frau vermehrt austauschbar.

Das hat große Vorteile. Es hat aber auch Nachteile. Zunächst ist es von Vorteil, daß das gegenseitige Sich-Ergänzen von Mann und Frau abschwächt und jedem ein stärkeres Gefühl des Sich-selbst-Genügens vermittelt. Solange Menschen voneinander abhängen, weil sie sich gegenseitig ergänzen, werden sie sich, ohne sich dessen bewußt zu sein, um ein gutes Einverständnis bemühen. Die gegenseitige Abhängigkeit festigt das Zusammengehörigkeitsgefühl, denn man ist ja auf einander angewiesen. Und dieses Sich-gegenseitig-Ergänzen schwächt sich heute ab. Das bringt Chancen und Bedrohungen mit sich.

Was trotz aller technischen Entwicklungen bleibt, der fundamentale Unterschied zwischen Mann und Frau, ist die Mutterschaft. Die mit ihr verbundenen Traditionen sind tief in den Ausdrucksformen verinnerlicht, die das Wesen der Frau bestimmen. Hier genügt es nicht, von Ideologie und Ausbeutung zu reden. Die Tatsache, die Mutter der Kinder zu sein, bringt es mit sich, daß die Frau auch ein wenig die Mutter ihres Mannes ist. Mutter zu sein, ist keine zeitlich begrenzte Beschäftigung, und die mütterliche Eigenschaft ist etwas viel Tieferes, als die mit ihr verbundene Tätigkeit. Man redet von Frauen als Dienerinnen ihres Mannes, von Männern, die ihre Frauen wie Sklaven behandeln. Das sind empörende soziale Mißstände, gegen die man sich wehren muß. Aber das hat nichts mit der mütterlichen Präsenz einer Frau in ihrer Familie zu tun. Ich glaube, es wäre schlecht, das Schema des Klassenkampfs auf alle menschlichen Beziehungen anzuwenden, wie Eltern–Kinder, Lehrer–Schüler, Mann–Frau usw. Das würde nur dazu beitragen, den wahren Klassenkampf, den Kampf zwischen den Klassen, zu vergessen. Außerdem würde es unter den Menschen einen Geist heraufbeschwören, mit dem es sich kaum noch lohnte zu leben. Wenn das Leben sich für jeden nur noch darauf beschränkte, seine Rechte in einer klassenkämpferischen Situation zu verteidigen, so hätte wohl niemand mehr Lust, für seine Rechte zu kämpfen. Schließlich verwenden Männer wie Frauen vor allem deshalb soviel Energie auf die Verteidigung ihrer Rechte, um jenen Menschen Vorteile zuzusichern, die sie lieben. Lieben sie aber niemanden mehr, so haben sie auch kein Interesse, ihre Rechte zu verteidigen. Dann leben sie in einer Gesellschaft, die dem Untergang zustrebt.

Die technische Entwicklung hat das Leben der Frau verändert. Man denke nur an die gar nicht so lang vergangene Zeit, als man das Wasser vom Brunnen holen und vor jeder Mahlzeit im Herd Feuer machen, als man die Wäsche von Hand waschen mußte. Heute nimmt die Hausarbeit dank technischer Hilfsmittel viel weniger Zeit in Anspruch. Es gibt weniger Kinder, und die Lebensdauer verlängert sich. Daraus ergibt sich die Notwendigkeit, die Lebensweise der Frau in Frage zu stellen, neue Möglichkeiten und neue Aufgaben zu suchen. Diese Entwicklung ist zu begrüßen, auch wenn sie Komplikationen schafft und Probleme stellt, für die wir eine Lösung finden müssen.

Hier möchte ich eine Zwischenbemerkung einfügen. Man darf nicht vergessen, daß die Probleme der Frau nie losgelöst von jenen der Gesellschaft betrachtet werden können. Vielmehr sind sie eng mit den alle Menschen angehenden Fragen verbunden, wie den Grundfreiheiten, der sozialen Gerechtigkeit, der sozialen Sicherheit, dem Anrecht auf Bildung usw. Diese alle Menschen angehenden Probleme bieten jedoch zusätzliche Schwierigkeiten, wo sie die Frauen betreffen, denn da geht es noch um ihr Eigenschicksal, das Erbe aus der Zeit der Erniedrigung und der Diskriminierung und um die Ungleichheit der Chancen. Noch heute haben die Frauen trotz aller Behauptungen nicht die gleichen Bildungschancen, der Zugang zu gewissen Berufen und gehobenen Positionen wird ihnen erschwert, sie erhalten niedrigere Löhne für gleiche Arbeit, die Mutterschaft ist immer noch ein berufliches Hindernis, und die Traditionen, die sie in ihrem inneren Wesen geprägt haben, stehen oft im Widerspruch zu den sich ihnen bietenden neuen Möglichkeiten.

Hier stellt sich das zentrale Problem der Berufstätigkeit und der Arbeit im Haus. Es ist keineswegs so, daß die Hausfrau eine Arbeit ausübt, für die es anders als für die Berufstätigkeit keiner Vorbildung bedürfte. Da muß man lernen, sich auf dem Verbrauchsgütermarkt, in der Auswahl von Lebensmitteln, Haushaltsapparaten, im Aufstellen eines Haushaltsbudgets, eines Ernährungsplans usw., in der Kinderpsychologie auszukennen, sich mit sozialen und beruflichen Problemen vertraut zu machen, um die Familienmitglieder beraten zu können. Und dazu sind Ausbildung, Interesse, Intelligenz und Einfallsreichtum erforderlich. Familie und Heim sind ein Bereich, in dem man seine Phantasie und schöpferische Kraft entwickeln kann, und das ist um so leichter, als man für die eintönigen und zur täglichen Routine gehörenden Arbeiten Maschinen benutzen kann.

Es ist mir unverständlich, wie man behaupten kann, eine gute Schulbildung und eine gründliche Berufsausbildung seien überflüssig bei einer Frau, die später ja doch heiraten und Kinder haben werde. Mir scheint es im Gegenteil sehr wichtig, daß die spätere Hausfrau und Mutter eine gründliche Ausbildung genießt, auf welchem Gebiet es auch sei. Denn auf jedem Gebiet entwickelt sie ihre Intelligenz, ihre Geschicklichkeit, ihr Urteilsvermögen, ihre Gewissenhaftigkeit in der Ausführung einer präzisen Arbeit, ihre Fähigkeit, sich in ein soziales Milieu einzufügen, und alles das ist unerläßlich, wenn sie ihre Kinder für die Welt von heute erziehen soll. Wie kann man nur behaupten, daß eine akademische, technische oder handwerkliche Ausbildung verloren sei, wenn die Frau, die sie genossen hat, später ihre Kinder erzieht?

Auch wenn die Frau nicht mehr in ihrem vorgesehenen Beruf tätig ist, geht der aus der Ausbildung gezogene Gewinn nicht verloren. Ich gehöre nicht zu denen, die in einem Universitätsstudium, das nicht mit einem Diplom abgeschlossen wurde, verlorene Jahre sehen – ganz gleich ob es sich um Studenten oder Studentinnen handelt. Es gibt hier keine verlorenen Jahre. Die Studenten haben während dieser Zeit immerhin etwas gelernt, sich etwas angeeignet, und mit ihnen hat sich die Gesellschaft mit etwas mehr Wissen, Kultur und Fertigkeiten bereichert.

Ich will damit nicht das Hausfrauendasein als Vorbild für alle Frauen hinstellen. Als ich jung war, wurde eine Frau wie ich, die keine Familie, aber einen Beruf hatte, nur als halber Mensch, als eine Art von Mißgeburt angesehen. Heute scheint fast das Gegenteil der Fall. Man gibt der Mutter und Hausfrau das Gefühl, sie müsse sich sozusagen in Ermangelung eines besseren mit einer Rolle abfinden, in der sie sich nicht entfalten könne. Beides scheint mir falsch. Niemand hat in unserer Gesellschaft das Recht, die eine oder andere Lebensform als vorbildlich für alle zu erklären. Alle Vorbilder sind gültig: Berufstätigkeit, Arbeit im Haus, oder beides zusammen. Wichtiger wäre es, für alle Frauen eine Ausbildung zu verlangen – für Berufstätige ebenso wie für Hausfrauen –, und zwar eine möglichst vielseitige Ausbildung, denn was ist im Grunde das Leben als Hausfrau? Es ist eine berufliche Umstellung. Und wenn die Frau später wieder eine Berufstätigkeit aufnimmt, weil die Kinder groß geworden sind, folgt eine weitere Umstellung. Nachdem Menschen heute länger leben und sich in einer rasch verändernden Gesellschaft zurechtfinden müssen, sollten wir lernen, anpassungsfähig zu sein, uns umstellen zu können, und dabei müßten uns die vielseitigsten Möglichkeiten offenstehen. Somit halte ich gleiche Bildungschancen für die Frau für eine unerläßliche und grundsätzliche Forderung, auf die man immer wieder in aller Deutlichkeit hinweisen muß.

Es ist also erforderlich, der Frau ein möglichst weites Feld von Möglichkeiten zu bieten, so daß sie ihre Wahl treffen kann, und diese Wahl muß in jedem Falle anerkannt und berücksichtigt werden.

Auf dem Gebiete des Rechts sind alle jene überholten Gesetzesbestimmungen, die noch immer eine Unterordnung der Frau unter den Mann voraussetzen, abzuschaffen. Und das nicht etwa, weil alle Menschen faktisch gleich wären, sondern weil sie mit der gleichen Menschenwürde und den gleichen Rechten begabt sind. Selbst in der Ehe sind sich Mann und Frau selten völlig gleich, und das spielt auch keine große Rolle. Der eine mag vielleicht weniger intelligent, weniger künstlerisch veranlagt oder weniger aktiv und unermüdlich sein, aber vielleicht ist er dafür auf einem anderen Gebiet überlegen. Und wenn sich in ihren Beziehungen ein wenig Autorität oder Bewunderung einstellt, so sehe ich darin kein Unglück. Der Mensch liebt nun einmal Bewunderung und Anerkennung. Das Unglück fängt erst an, wenn die Unterwerfung des einen unter den anderen von Gesetzes wegen bestimmt ist, wenn eine Frau ihren Mann um Erlaubnis bitten muß, um eine Stelle anzunehmen, wenn sie ihn um Geld bitten muß, und wenn man sie daran hindern kann, sich ihre wirtschaftliche Unabhängigkeit und Menschenwürde zu erkämpfen. Auf dem Gebiete des Rechts also muß völlige und absolute Gleichheit zwischen Mann und Frau herrschen; denn das ist die Voraussetzung für Menschenwürde und Unabhängigkeit.

Auf dem Gebiet der Erziehung müssen – wie gesagt – den Mädchen die gleichen Chancen wie den Jungen eingeräumt werden. Das heißt, daß man ihnen ein möglichst weites Feld der Möglichkeiten eröffnet. Das heißt ferner, daß sie bei Aufnahme eines Studiums oder einer Spezialausbildung den gleichen Auswahlbedingungen unterstellt werden müssen, wie die Jungen. Ich glaube aber ebenfalls, daß die Mädchen – und möglichst auch die Jungen – von früher Kindheit an sich die Haushaltskenntnisse aneignen sollten. Warum? Weil die

Hausarbeit viel leichter zu bewältigen ist, wenn man früh gelernt hat, sie zu organisieren. Eine Haushaltungsschule erniedrigt die Frau nicht, sie macht sie frei, indem sie ihr die Möglichkeit gibt, die Dinge rasch und leicht mit Hilfe der ihr zu Verfügung stehenden technischen Mittel zu erledigen.

Auf wirtschaftlichem und beruflichem Gebiet ist der Grundsatz «gleicher Lohn für gleiche Arbeit» absolut berechtigt. Ebenso wichtig erscheint mir das Recht der Frau, entsprechend ihren Fähigkeiten in gehobene Positionen aufzusteigen. Denn dort herrscht noch die von den Frauen am stärksten empfundene Ungleichheit. Gewiß, die Frage der Lohngleichheit ist vielerorts noch nicht gelöst. Immerhin hat sich auf diesem Gebiet eine Entwicklung angebahnt, die hoffen läßt, daß in einigen Jahren die Ungleichheiten beseitigt sein werden. Da geht es um Verletzungen gesetzlicher Bestimmungen, die sich feststellen lassen, die man also wirksam bekämpfen kann. Dagegen stößt die Forderung auf Zugang zu allen beruflichen Ebenen noch auf starke Widerstände, Rivalitäten und Konkurrenzneid, sie ist dermaßen von Willkür und einer Vielzahl schwer durchschaubarer Faktoren abhängig, daß der Kampf hier viel schwieriger sein wird. Um so unerläßlicher scheint es mir, auf dieses wesentliche Problem hinzuweisen.

In diesem Zusammenhang möchte ich auf den der Mutter bei Schwangerschaft zu gewährenden Schutz zu sprechen kommen, und auf die Notwendigkeit, ihr die Aufnahme ihres Kindes in die Gesellschaft zu erleichtern, und zwar unabhängig von sozialer Stellung und Zivilstand der Mutter. Solange nicht gewährleistet ist, daß ein Kind in gesicherte Verhältnisse hineingeboren wird, kann niemand ehrlich behaupten, die Mutter sei vor die freie Wahl gestellt, wenn sie sich zu einem Schwangerschaftsabbruch zu entschließen müssen glaubt. Die der werdenden Mutter eröffneten Möglichkeiten müssen ihr für sich selbst und ihr Kind, solange es klein ist, als realistisch, ausreichend und würdig erscheinen können. Solange dies nicht sichergestellt ist, hat die Frau keine wirkliche Wahl; dann wäre die Liberalisierung des Schwangerschaftsabbruchs nur das Zugeständnis, ihr statt einer heimlichen Abtreibung eine medizinisch korrekte zu bieten.

Oft steht die Frau unter der zwei- oder gar dreifachen Belastung von Familie, Beruf und politischem Engagement. Folglich braucht sie Hilfe. Sie muß über alle technischen Hilfsmittel verfügen können, und natürlich ist sie in solchen Fällen auf die Mitarbeit ihres Mannes angewiesen.
Aber die abstrakte Gleichheit allein – so notwendig sie ist – nährt das Leben nicht. Man lebt nicht, um gleichberechtigt zu sein. Gleichberechtigung ist oft die Voraussetzung, damit die Frau leben, das Wesentliche suchen und einen Lebenssinn finden kann. Aber sie macht nicht den Sinn des Lebens aus. Selbst im Beruf ist der Sinn der Arbeit nicht, gleich zu sein. Und das gilt erst recht in der Ehe und in der Familie. Deshalb soll man Gleichberechtigung nicht zum Sinn und Zweck des gemeinsamen Lebens machen. Man muß sich vor Augen halten, daß die Gleichheit vor dem Gesetz – und dort ist sie unerläßlich – erst zutage tritt, wenn die Dinge eine böse Wendung genommen haben. Dann beruft man sich auf das Gesetz, und das Gesetz muß allen gleiches Recht zusichern, es muß gerecht und menschlich sein. Solange aber alles gutgeht, solange die Menschen innerhalb einer Familie sich lieben, erfordert dies gegenseitiges Verständnis, Verständnis für die Müdigkeit des anderen und für seine Bedürfnisse. Ich glaube nicht, daß das Wort «Liebe» von einer altmodischen Einstellung zeugt. Ich finde, daß die Liebe im täglichen Leben, in der Familie, für die Frau und für den Mann etwas Kostbares, Unerläßliches ist. Und wenn der andere geliebt wird, wenn er bis zu einem gewissen Grade ein Stück unserer selbst ist, dann verliert der Gleichheitsbegriff an Schärfe und teilweise auch seinen Sinn.

Wie wird die Entwicklung aussehen, die sich heute vor uns abzeichnet? Sie erscheint mir in mancher Hinsicht recht zweideutig. Sie scheint rasch Fortschritte zu bringen, aber sie läßt noch viele Fragen offen. Es ist fast zum Gemeinplatz geworden, die Berufstätigkeit der Frau als Vorbedingung zur Entfaltung ihrer Persönlichkeit zu betrachten. Aber trifft das auf jede Berufstätigkeit zu? Verallgemeinern da nicht etwa Ärztinnen oder Anwältinnen und vergessen dabei, wie ein Arbeitstag in einer Wäscherei, einer Telephonzentrale oder am Fließband in der Versandabteilung aussieht? – Die Liberalisierung der Sitten wird als Sieg der Frauenbewegung hingestellt. Aber ist man so sicher, daß sie nicht letzten Endes auf Kosten der Frauen geht? – Führt die Doppelbelastung durch Beruf und Haushalt, führt die Weigerung, Kinder zu haben, nicht zu Frustration und Erschöpfung? – Und was geschähe, wenn der Mann sich eines Tages weigern sollte, den Unterhalt für die Familie zu verdienen?

Die Umwälzungen, die wir heute miterleben, verlangen von allen, von Frauen wie Männern, Anpassungsfähigkeit, Toleranz, Weisheit und Mitmenschlichkeit. Trotz allem gibt es im menschlichen Dasein bleibende Elemente. Wahl und Verantwortung, Interessenkonflikte, Kämpfe und Opfer werden nicht verschwinden. Auch mit den neuen Kräften, die sie im Begriff ist, sich anzueignen oder zu erobern, wird die Frau – wie der Mann – Normen brauchen, um die Schwachen gegen die Übergriffe der Stärkeren zu schützen oder um Halt zu gewinnen, wo die individuelle Vernunft versagt. Die Frau wird künftig immer stärker zur Entwicklung dieser Normen und Strukturen beitragen, und zuallererst im Gesetzesbereich, in all jenen Punkten, in denen noch offensichtliche und ungerechtfertigte Ungleichheiten bestehen. Aber sie wird es tun – so hoffe ich –, nicht nur als Mensch, sondern auch *als Frau*.

Über die Schulreform

Ein Kind wird in die Schule geschickt. Wozu eigentlich? Zunächst einmal, damit es die Kenntnisse erwirbt, die ihm erlauben werden, später sein Brot und das Brot seiner Familie zu verdienen. Weiter, damit es in der Gesellschaft, in der es lebt, eine für die anderen nützliche Funktion erfüllen kann. Dies sind zwei unmittelbare Nützlichkeitsgründe, die übrigens eng zusammengehören. Ist doch das Geld, das man verdient, ein Zeichen dafür, daß man eine für die anderen nützliche Funktion erfüllt.

Jenseits dieser Nützlichkeitsgesichtspunkte liegt jedoch etwas Tieferes und Wesentlicheres: Das Kind lernt in der Schule, seine eigenen Fähigkeiten, seine Persönlichkeit mit Hilfe dieses Lernens zu entfalten und zu entwickeln. Das Kind ist also selbst der Zweck der Schule. Und in dem Maße, in dem diese Selbstförderung gelingt, wird auch der Mensch überhaupt gefördert, indem seine Möglichkeiten sich vermehren und wachsen.

In dieser Entfaltung des einzelnen – des Menschen überhaupt – findet die anfangs erwähnte Nützlichkeit ihren wahren Sinn.

Es ist aber nicht schon deswegen zweckmäßig, zwischen individueller und gesellschaftlicher «Nützlichkeit» oder «Entfaltung» zu wählen, die erste etwa als «materialistisch» oder die zweite als «weltfremd» zu verwerfen. Glücklicherweise ist eine solche Wahl nicht nötig. Denn die Persönlichkeit entwickelt sich nicht, indem sie sich selbst als Zweck anbetet, sondern gerade, indem sie vieles übt und lernt, was gar nicht direkt auf sie bezogen ist. Abgesehen davon, *was* gelernt oder geübt wird, kann schon Üben und Lernen stets zur Entwicklung des Selbsts beitragen. Daß Nützliches geübt und erlernt wird, behindert die Selbstentwicklung keineswegs; sie wird erst dann behindert, wenn dabei durch leere Wiederholung nur ein schnelles Lerntempo und eine Automatisierung des Verfahrens erzielt werden. Das aber ist keine Erziehung und keine Schule mehr.

Vielen erscheint die *Gesamtschule* als ein wesentlicher Schritt auf dem Weg zur Schulreform. Was versteht man dabei unter *Gesamtschule*? Mir scheint der Begriff sehr unterschiedlich gebraucht. Einerseits wird mit ihm eine bestimmte Strukturierung der Schule bezeichnet, die das Ziel hat, alle Kinder bis etwa zum fünfzehnten oder sechzehnten Lebensjahr gemeinsam zu unterrichten, anstatt schon fünf oder sechs Jahre früher diejenigen (die große Mehrheit) auszusondern, die nach dem Primarunterricht keine Schule mehr besuchen werden. Andererseits aber versteht man unter «Gesamtschule» oft eine allumfassende Schulung, die den Menschen lebenslänglich weiterbildet und somit den Kindergarten, die Primarschule, die Sekundarschule und das Gymnasium, die Hochschule und die Erwachsenenbildung einschließt. Weiter aber ist man nun – vor allem, wie mir scheint, im deutschen Sprachgebiet – gewohnt, diese Auffassungen von der Gesamtschule mit verschiedenen neuen pädagogischen Methoden und Verfahren zu verbinden, so daß man oft nicht mehr genau weiß, wofür man sich ausspricht, wenn man die Gesamtschule befürwortet.

Die Idee der *Gesamtschule als verlängerte Einheitsschule für alle* ist nicht neu. Vor etwa dreißig oder vierzig Jahren wurde schon, in Genf zum Beispiel, für sie gekämpft. Welches waren die Gründe dafür?

Der Kampf für die Gesamtschule in diesem Sinn war gegen die soziale Ungerechtigkeit gerichtet, besonders gegen die ungeheure Chancen-Ungleichheit der Kinder schon am Anfang ihres Lebens, je nach dem gesellschaftlichen Milieu, in dem sie geboren wurden. Entscheidend bei der Auslese derer, die weiterstudieren, und derer, die in der Sackgasse der letzten Jahre der Primarschule enden würden (wo selbst gute Lehrer ihre Schüler nirgendwohin mehr führen konnten), waren Reichtum oder Bildung der Eltern. Da konnten auch Ausnahmen das System keineswegs rechtfertigen. Wenn für zehnjährige Kinder schon entschieden wird, ob ihnen der Weg zum Studium geöffnet oder verschlossen wird, dann können rein persönliche Begabungen und Neigungen kaum in Betracht gezogen werden: Bei zehnjährigen Kindern ist die Kultur oder Unkultur der Familie noch kaum durch persönliche Anlagen korrigiert. Je früher die «Nichtstudierenden» von den «Studierenden» getrennt werden, desto stärker und sichtbarer wird der Klassencharakter der Auslese, die dann zustande kommt.

Man wollte also versuchen, mit Hilfe der Gesamtschule eine verfälschte Auslese durch eine gerechte Auslese zu ersetzen. Man wollte den begabten Kindern ihre Chance geben. Dieser Entschluß beruhte auf zwei entscheidenden Annahmen: Die erste war, daß die Entfaltungsmöglichkeiten jedes Menschen einen absoluten Wert besitzen, so daß ihre Zerstörung durch nichts gerechtfertigt werden kann; die zweite, daß die Kultur, die durch Lernen und Schulung erworben wird, eine wesentliche und unentbehrliche Rolle für die Entfaltung menschlicher Möglichkeiten zu spielen hat, so daß da, wo sie nicht vorhanden ist, die Chancen der Entfaltung auf unerträgliche, verbrecherische Weise zerstört werden.

Diese beiden Annahmen scheinen mir im Kampf für mehr Gerechtigkeit in der Schule unentbehrlich. Wenn man nicht mehr an eine kulturelle Entfaltung des einzelnen Menschen glaubt, sondern nur auf seine spontane «Explosionskraft» Wert legt, wenn man – wie es heute oft geschieht – die ganze überkommene Kultur als «bürgerlich» verwirft, dann verliert dieser Kampf jeden Sinn.

Eine gerechte oder besser: gerechtere Auslese beruht nicht auf einer erdachten, vollkommenen Gleichheit der Begabungen, denn diese Gleichheit existiert schon von Natur aus nicht. Und die Ungleichheit des Milieus ist beim Menschenkind so tiefgreifend – schon vor der Geburt und gleich nachher spielt sie eine entscheidende Rolle –, daß sie von der natürlichen Ungleichheit schwer zu unterscheiden ist. Es geht also darum, diese Ungleichheit möglichst zu mildern, damit die Chancen am Anfang des Lebens so wenig ungleich seien wie nur möglich.

Deswegen hat man in manchen Städten, zum Beispiel in Genf, die Gesamtschule im Sinne einer verlängerten gemeinsamen Schule verwirklicht. Wir haben zwischen dem zwölften und fünfzehnten Lebensjahr den sogenannten *cycle d'orientation*, eine Art Vorbereitungskurs, von dem kein Kind von vornherein ausgeschlossen wird. Alle gehen in gemeinsame Klassen, wo man aber versucht, ein Höchstmaß an verschiedenen Tätigkeiten zu ermöglichen, damit jedes Kind in die für es richtige Ausbildung kommt. Es sind also Versuchs- und Orientierungsjahre. Überbrückungen sind vorgesehen, damit eventuelle Irrtümer korrigiert werden können. Die Auslese derer, die ein längeres Studium unternehmen dürfen, bedeutet nicht, daß die übrigen ins Leere fallen, sondern daß für sie ein anderer Weg gefunden werden soll.

Das Hauptproblem ist aber, daß man gerade in solchen Klassen, wo der Lehrer eine über das Normalmaß hinausreichende Verantwortung zu tragen hat, die besten, hellsichtigsten Lehrkräfte einsetzen sollte. Die aber werden zu sehr an anderen Stellen gebraucht; deshalb ist man oft gezwungen, im *cycle d'orientation* unerfahrene junge Studenten anzustellen. Trotz allem ist meines Erachtens diese verlängerte gemeinsame Schule ein ganz großer Fortschritt auf dem Weg zur Gerechtigkeit.

Dieser Fortschritt bleibt jedoch nur Stückwerk, wenn wir an *die Gesamtschule im umfassenden Sinne* denken. Hier handelt es sich um etwas anderes. Es geht darum, anzuerkennen, daß Leben ohne ständiges Lernen kein menschenwürdiges Leben ist. Das Studium darf für keinen Menschen je zu Ende sein. Nicht nur in der Schule, sondern auch im Beruf oder auf jeden Fall neben dem Beruf und nach dem Beruf soll der Mensch die Möglichkeit haben, sich weiterzubilden. Auch hier finden wir wieder die Verbindung zweier verschiedenartiger Motivationen: Die eine ist, daß sich die heutige Welt und in ihr die Produktionsmittel und Lebensweisen so schnell verändern, daß eine lebenslängliche Weiterbildung unentbehrlich ist; die andere, daß der Mensch mehr Freizeit und mehr Lebensjahre auszufüllen hat und daß er deshalb nie aufhören darf, geistig zu wachsen.

So öffnen sich neue Wege, um die ursprüngliche Ungleichheit zu mildern. Schon im Kindergarten können dem Kleinkind kulturelle Möglichkeiten geboten werden, die das Fehlende in der Familie nachzuholen erlaubt. Während der ganzen Schulzeit sollen in der Schule und neben der Schule neue Gelegenheiten der Kultur für alle geschaffen werden – zum Beispiel kleine, von Jugendleitern betreute Heime, wo alle Kinder Gelegenheit zur freien Aussprache, zur Begegnung mit Plastik und Musik, zur eigenen kreativen Betätigung finden würden. Und dann gäbe es die Nachschul- oder Nachholschulzeit, in der eine nie aufhörende Stimulierung des Lernens, des Schaffens und des Verstehens einer sich verändernden Welt erfolgen würde.

Die Schwierigkeit, die sich dabei stellt, ist jene des Übergangs von der herkömmlichen Schule zur Gesamtschule in diesem letzten Sinn. Viele Theoretiker lassen heute schon einzig und allein die noch nicht existierende Gesamtschule gelten. Sie sagen – und das mit Recht –, daß die Gesamtschule keineswegs auf die herkömmliche Schule aufgepropft werden dürfe. Da diese künftige Schule lebensumfassend sein solle, umfasse sie auch die «normale» Schule. Diese müsse also in einem neuen Ganzen integriert werden, wobei sie selbst vollkommen neu erdacht und verwirklicht werden solle. Infolgedessen sei die Schule überhaupt «überholt», und es wäre der beste Weg, die herkömmliche Schule abzuschaffen, um dadurch die Verwirklichung der Gesamtschule zu beschleunigen.

Ich glaube auch, daß alle Stufen der herkömmlichen Schule sich wesentlich verändern werden, wenn sie eines Tages in die Gesamtschule (im weiten Sinn) integriert werden wird. Ich glaube aber nicht, daß alles, was durch Jahrhunderte hindurch mühsam verwirklicht worden ist, zugunsten von etwas, das es noch gar nicht gibt, zerstört werden darf. Ich glaube nicht an die schöpferische Kraft der Zerstörung an sich.

Heute sind die Vorstellungen über die Gesamtschule im weitgefaßten Sinn der *éducation permanente*, der ständigen Weiterbildung, noch sehr undeutlich und verschieden. Die herkömmliche Schule ist zu wichtig, um preisgegeben zu werden. Man kann und muß sie in vieler Hinsicht verbessern. Man soll und muß sie gerechter gestalten, unter anderem auch durch den Aufbau der Gesamtschule im engeren Sinn, von der ich früher sprach. Aber sie jetzt preisgeben – nein.

In solchen Fragen soll man sorgfältig und fortschrittlich zugleich vorgehen. Die große Gesamtschule der Zukunft soll zuerst da verwirklicht werden, wo sie Lücken auszufüllen hat: in der Vorschulzeit, der «Nebenschule» und hauptsächlich in der «Nachschule». Wenn einmal in diesen Bereichen die Gesamtschule verwirklicht sein wird, dann wird sie auf ganz natürliche Weise ihre verändernde Wirkung auf die Schule ausüben. Ich sehe keinen anderen Weg.

Hier möchte ich zwei Bemerkungen einschalten. Die erste bezieht sich auf die Pädagogik, deren Forderungen, wie gesagt, öfters die Auffassung von der großen Gesamtschule mitbestimmen, z. B. beim System der «Leistungsklassen». Obgleich ich der Meinung bin, daß man in der Schweiz zu sehr dazu neigt, die guten Schüler, die schneller vorankommen könnten, auf die schwächeren warten zu lassen, glaube ich nicht, daß es richtig wäre, in der jetzigen Situation die normalen Klassen zu sprengen, um das «Leistungsklassensystem» einzuführen. Daß dieses System den Intellekt fördert, erkenne ich an. Aber die Kinder sind heutzutage vereinsamt, unsicher, und die Klasse ist für sie noch ein «Zu-Hause», auf das sie dringend angewiesen sind. Die richtige Lösung des Problems scheint mir im Gegenteil in kleineren Klassen von etwa 20 Schülern zu liegen, in einer Gemeinschaft, die wirklich zusammenhält, wo jeder existieren kann, und in der der Lehrer die Möglichkeit hat, für die Zeit, wo er selbst den langsameren Schülern hilft, den begabteren Schülern zusätzliche Arbeiten und Übungen zu geben.

Die zweite Bemerkung bezieht sich auf die Kosten der Einführung der Gesamtschule in all ihren Formen. Diese Kosten werden hoch sein. Die Bürger müssen also klar entscheiden, ob der Reichtum der modernen Entwicklung das Menschliche im Menschen überschwemmen soll, oder ob sie bereit sind, sehr viel zu bezahlen, damit der moderne Mensch lebenslänglich lernt, die neuen Möglichkeiten der Technik seinem Menschsein, seiner Freiheit und Würde zu unterwerfen. Wir leben in einer Zeit unerhörter Chancen und Gefahren. Vielleicht steuern wir einem Leben entgegen, wo Kultur Gemeingut aller sein wird. Und unter Kultur verstehe ich den unerschöpflichen Reichtum der Vergangenheit *und* jenen der Gegenwart, den Sinn für Kunst, für Natur und für wissenschaftliche Forschung und wissenschaftliche Erkenntnisse. Vielleicht aber werden wir die Gleichheit aller darin suchen, daß wir Kultur in Verruf bringen, so daß sie für niemanden mehr Leben und Nahrung sein wird. Dann wäre eine neue Barbarei unsere gemeinsame Zukunft.

Die Verantwortung des Wissenschaftlers

Die Formulierung dieses Themas mag falsche Erwartungen wecken. Nicht von der moralischen Verantwortung des Wissenschaftlers möchte ich sprechen, um ihr größeres Gewicht zu verleihen, als sie für gewöhnlich im Denken des Forschers einnimmt. Ich möchte auch nicht die wissenschaftliche Tätigkeit mit moralischen Maßstäben messen und mich damit als Moralisten des Wissenschaftlers ausweisen. Dazu glaube ich mich nicht berechtigt.

Im übrigen scheint mir diese Erwartung auf einer falschen Einschätzung zu beruhen. Die Zeit ist vorbei, in der die Wissenschaft als Wissenschaft die größte Wertschätzung erfuhr. Was das Denken heute beherrscht, sind die Interessen der Gesellschaft. Dies ist in einem solchen Ausmaß der Fall, daß die Wissenschaft eigentlich nur noch im Hinblick auf sie beurteilt wird. Und weil dem so ist, habe ich einige Thesen aufgestellt.

Nehmen wir die erste These: Man darf die Ergebnisse der Wissenschaft nicht mit dem Vorgang wissenschaftlichen Forschens verwechseln. Das erscheint mir von verschiedenen Gesichtspunkten aus als wesentlich. So zum Beispiel vom Gesichtspunkt des Schulunterrichts aus. Meist bringt man den Schülern, von denen die wenigsten später einmal Wissenschaftler werden, nur einige *Ergebnisse* wissenschaftlicher Forschung bei. Über den *Vorgang* des wissenschaftlichen Forschens erfahren sie selten etwas. Selbst wenn man ihnen einzelne Forschungsetappen erklärt, wenn sie im Chemie- oder Physiklabor einige Experimente wiederholen dürfen, teilt man ihnen kaum etwas über die gelebte Erfahrung des

Forschens mit. Und nur selten fordert man die Schüler auf, innerlich nachzuempfinden, was der Forscher in der intellektuellen und geistigen Situation, in der er sich befand, gedacht, gefühlt und erlebt haben mag. Sie vollziehen nicht nach, was in einem menschlichen Geist vor sich geht, der forscht, weil er ratlos ist, weil sich ihm etwas offenbart hat, was nicht in den Rahmen seines früheren Wissens paßt. Und gerade diese Erfahrung scheint mir für die Wissenschaft von größter Bedeutung zu sein. Daß sie aus dem naturwissenschaftlichen Unterricht weitgehend ausgeklammert wird, bewirkt, daß die meisten Menschen heute eine sehr oberflächliche und mechanische Vorstellung von Wissenschaft haben.

Daran ist nicht nur der Schulunterricht schuld. Ganz allgemein teilt der Wissenschaftler der Masse der Nichtwissenschaftler nichts oder nur sehr wenig über die Natur und den Sinn der von ihm praktisch erlebten Forschungsarbeit mit. Diese Unterlassung erscheint mir bedenklich, denn dadurch bekommen unsere Zeitgenossen nur die Ergebnisse der Wissenschaft, die Auswirkungen im Bereich der Technik zu spüren, die unsere Welt und unser Leben verändern, während die menschliche und kulturelle Bedeutung der Forschung und der tätigen und sich weiterentwickelnden Wissenschaft ihnen verborgen bleibt.

Im Zusammenhang mit dieser tätigen Wissenschaft möchte ich eine zweite These aufstellen: Die Ergebnisse der Wissenschaft sind moralisch neutral. Damit will ich nicht etwa sagen, die Atombombe oder gewisse genetische Manipulationen seien moralisch neutral. Die «Ergebnisse», von denen ich hier spreche, liegen nicht im Bereich der angewandten, sondern der reinen Wissenschaft; es sind z. B. die Gesetze und Theorien, zu denen eine Wissenschaft gelangt. Und diese wissenschaftlichen Gesetze und Theorien sind als solche moralisch neutral.

Aber der Vorgang wissenschaftlichen Forschens, d. h. das von den Wissenschaftlern eigentlich Erlebte ist an sich – unabhängig von allen Folgen, die die Anwendung des Ergebnisses haben mögen – eine moralische Tätigkeit. Man läßt oft außer acht, daß auch der theoretische Vorgang eine Tätigkeit ist. Die Bemühung, theoretisch zu verstehen, ist eine Tat des Subjekts, und diese Tat wird von einem moralischen Wert bestimmt: Man bemüht sich, einen Zusammenhang herzustellen, weil der Zusammenhang etwas mit dem Wahren oder mit dem Sein zu tun hat. Dieses auf das Wahre, auf das Sein gerichtete Ziel erscheint mir, ob man es zugibt oder nicht, in jede wissenschaftliche Forschungstätigkeit einbezogen zu sein. Manche Wissenschaftler leugnen zwar die Existenz eines solchen Ziels ab, da sie ja auch schon die Freiheit des Individuums ableugnen, und es ist wohl nur natürlich, daß ein unfreies Subjekt auch keine Ziele zu setzen vermag. Allerdings muß ich gestehen, daß ich diese Auffassung nicht begreife, und um ehrlich zu sein, bin ich überzeugt, daß sie sich selbst nicht verstehen.

Jacques Monod hat ein bedeutendes Buch veröffentlicht, das ich sehr bewundere und das den Titel «Zufall und Notwendigkeit» trägt. Es erläutert dem Nichtbiologen eine aus der molekularbiologischen Forschung abgeleitete Theorie, welche zum Träger der genetischen Erbmasse vorstößt und sowohl die Entstehung der Arten als auch ihre Fortdauer erklärt. Was Monod aber niemals auf diese Art – d. h. durch ein Sichdurchkreuzen von Zufall und Notwendigkeit – erklären kann, ist, daß er ein Buch geschrieben hat, dem ein Sinn innewohnt, und daß wir es lesen können, um darin einen Sinn zu finden. Denn suchen, sagen, schreiben, verstehen, das alles gehört nicht dem Bereich der Tatsachen, sondern dem der Freiheit an.

Es ist völlig unvorstellbar, daß man sich wissenschaftlicher Forschung widmen kann, wenn man nicht frei ist. Wer nämlich wissenschaftlich forscht, tut dies, um die Wahrheit zu entdecken. Er bezieht sich somit jenseits aller Tatsachen immer auf einen Wert, in dessen Namen er das Wahre dem

Falschen vorzieht. Er wählt und entscheidet sich für das Wahre. Das aber setzt Freiheit voraus.

So möchte ich die These aufstellen – und darin widerspreche ich den üblichen Anschauungen –, daß, unabhängig von der Verantwortung gegenüber der Gesellschaft, die wissenschaftliche Arbeit an sich moralisch ist.

Nicht die Forschungsergebnisse sind moralisch, sondern das Forschen ist es. Und als moralische Tätigkeit hat es mit Freiheit zu tun – auch wenn dies in seinen Theorien der Freiheit keinen Platz einräumt oder sie gar ausschließt. Als moralische Betätigung des freien Subjekts hat Forschung eine Geschichte, ist sie Teil der Menschheitsgeschichte und stellt somit einen Bereich menschlicher Kultur dar.

Eine weitere These von mir besagt, daß die Wissenschaft sich selber nur schlecht kennt. Das gehört zu dem, was ich bereits sagte. Gewiß gibt es bedeutende Wissenschaftler – ich hatte die Ehre, einigen zu begegnen – die die Wissenschaft besser als irgendeiner kennen. Aber die meisten, die eben nur Halb- oder gar Viertelwissenschaftler sind, kennen die Wissenschaft schlecht. Das Bild, das sie den Nichtwissenschaftlern von der Wissenschaft vermitteln, ist folglich unzutreffend. Auch tragen sie kaum dazu bei, die Wissenschaft in den Augen der Nichtwissenschaftler zu einem Bestandteil der Kultur zu machen. Dies macht eine neuere Entwicklung – fast müßte man von einem Rückschlag des Pendels sprechen – besonders gefährlich. Bis vor kurzem neigte man dazu, die Wissenschaft in den Himmel zu heben und sie als das Höchste, das Schönste und das Herrlichste zu vergöttern. Heute hingegen hört man überall abschätzige Bemerkungen über die Wissenschaft. Da ist es doch bedauerlich, daß man sich in der langen Periode ihrer Wertschätzung nicht stärker bemüht hat, die Natur der Wissenschaft, ihre gelebte Erfahrung, ihren Wert als kulturelle und menschliche Tätigkeit besser zu verstehen und besser verständlich zu machen.

Dieser mangelnden Aufklärung über das wahre Wesen der Forschung ist es zuzuschreiben, daß die nichtwissenschaftliche Welt heute in einem *wissenschaftlichen Aberglauben* befangen ist. Es ist ein Aberglaube, der die wahre Natur der Wissenschaft verkennt, ihre Bedeutung übertreibt und die Menschen veranlaßt, Unmögliches von ihr zu erwarten. Er führt so zu einer Vorstellung der Welt, in der der Mensch und folglich auch die menschliche Gesellschaft als Ergebnisse komplizierter Kausalketten erscheinen, die etwas schwer zu erklären sind, als Produkt biologischer, sozialer und psychologischer Gegebenheiten. Und da Mensch und Gesellschaft eben nur Produkt sind, kann man Techniken entwickeln, um auf sie einzuwirken. Aufgabe der Wissenschaft ist es, diese Techniken bereitzustellen, die Veränderungen und somit den notwendigen Fortschritt bewirken.

Diese Anschauung hat lange als «optimistisch» gegolten. Tatsächlich zerstört sie – so meine ich – allen Lebenssinn, ja die Voraussetzungen einer Sinngebung. Wenn nämlich im Leben alles nur Ergebnis von Kausalfaktoren ist, so hat das Leben keinen Sinn – und auch der Mensch und die Gesellschaft nicht. Das gleiche gilt für die Forschung. Auch sie verliert ihren eigentlichen Sinn.

Man wird mir entgegnen: Aber nein, die Forschung ist doch nützlich, sie hat ja die Technik und den technischen Fortschritt hervorgebracht. Diese Argumentation ist gefährlich. Wenn man nämlich – wie dies heute geschieht – am Wert gewisser technischer Errungenschaften oder wissenschaftlicher Orientierungen zu zweifeln beginnt, ist damit zugleich die gesamte wissenschaftliche Forschung gefährdet.

Meine Thesen laufen also darauf hinaus, daß der wissenschaftlichen Forschung etwas zu zeigen ist, das unabhängig von ihren Resultaten und Folgen Wert besitzt. Um dies der Masse der Nichtwissenschaftler verständlich zu machen, müßte man zunächst den kulturellen und freien Charakter der Forschung anerkennen. Und das schließt die Erkenntnis ein, daß Mensch und Gesellschaft mehr sind, als bloße, den Manipulationen der Vererbungs- und Verhaltenslehre ausgelieferte Produkte.

Hier beginnt bereits die Verantwortung des Wissenschaftlers. Sie bezieht sich also nicht nur auf die praktischen Ergebnisse der Forschung, sie besteht zuallererst darin, die wahre Natur, die wirkliche Tragweite und die sinngebenden Bedingungen der Forschung zu erkennen und diese Erkenntnis weiterzugeben. Und wenn die Forschung den Forscher als freies Subjekt voraussetzt, bedeutet dies, daß der Wissenschaftler – gemeinsam mit anderen – Verantwortung dafür trägt, daß allen Gliedern der Gesellschaft, in der er lebt und seinen beträchtlichen Einfluß ausübt, der Sinn der Freiheit offenbar wird. Er ist mitverantwortlich für den Sinn der Freiheit, weil er ihn in seiner Forschungstätigkeit sozusagen in die lebendige Tat umsetzt. Es genügt nicht, daß er sie erlebt – er muß sich ihrer bewußt sein und dieses Bewußtsein anderen vermitteln.

Ich möchte weiterhin die These aufstellen, daß die moderne Wissenschaft mit ihren technischen Errungenschaften dem Menschen auf allen Gebieten eine Macht verliehen hat, die seine frühere Macht weit in den Schatten stellt und deren Auswirkungen auf die Wirklichkeit beträchtlich sind. Diese neue Macht des Menschen befindet sich, um einen Gedanken aus einem Vortrag des ehemaligen Leiters des Internationalen Arbeitsamtes, Jenks, aufzunehmen, noch in einem «Rohzustand», in dem sie weder für alle verbindlichen moralischen Normen, noch der juristischen Beschränkung ihrer rechtmäßigen Anwendung unterstellt ist. Sie befindet sich in den Händen einer ratlosen, uneinigen Menschheit, die nicht fähig ist, gemeinsam zu entscheiden, welche Anwendungen dieser Kräfte legal und welche illegal sind, und die entsprechenden Gesetze aufzustellen. Und dies, obwohl es sich um eine

Macht handelt, die das Überleben der Menschheit in verschiedener Hinsicht gefährden könnte.

Angesichts der Unbeschränktheit dieser neuen Macht, ist heute die Illusion verbreitet, es bestünde die Möglichkeit, den Menschen, sein Schicksal und die Gesellschaft «neuzuformen» und somit das «Paradies heute», d. h. das Glück für alle Bewohner der Erde, zu verwirklichen. Man spricht von der Erschaffung des «neuen Menschen», und man scheint sogar hie und da anzudeuten, daß er dank Wissenschaft und Technik bereits existiert.

Ich finde, daß die Wissenschaftler – und vor allem jene Halb- und Viertelwissenschaftler, die ich vorher erwähnte – eine schwere Verantwortung an der Verbreitung dieser ebenso dummen wie schädlichen Illusion tragen. Das Unmögliche zu erhoffen, heißt darauf verzichten, das Mögliche zu tun. Wer das Unmögliche erhofft, ist an der Wirklichkeit verzweifelt. Ein Mensch, der dem menschlichen Schicksal entrinnen will, hat sich zum Nichts verdammt. Und trotzdem ist diese Illusion bei vielen unserer Zeitgenossen mehr als ein Glaube oder eine Hoffnung: Sie ist eine im abergläubischen Vertrauen auf die unbegrenzten Möglichkeiten der Wissenschaft und Technik begründete Gewißheit.

Die wahren Wissenschaftler wissen genau, daß sie nie alle Probleme lösen werden – nicht einmal ihre eigenen Probleme, denn hinter jeder Lösung stehen neue Probleme. Deshalb müßten die Wissenschaftler erklären, daß die Lösung aller Probleme nur den un-menschlichen Frieden toter Gestirne mit sich brächte, denn dann wäre der Mensch nicht mehr Mensch, er wäre nicht mehr frei, und die Lösung der Probleme hätte ihren Sinn verloren.

Gefährlich erscheint mir jedoch auch die Entstehung eines neuen Aberglaubens, der heute an die Stelle des wissenschaftlichen Aberglaubens tritt, ohne diesen jedoch zu zerstören. Ich spreche von jenem Aberglauben, welcher der spontanen Ursprünglichkeit und Naturgemäßheit höchste Bedeutung beimißt und der ebenfalls kaum in der Lage zu sein scheint, die wahre Bedeutung der Wissenschaft zu erfassen. Der wissenschaftliche Aberglaube erwartet von der Wissenschaft mehr und anderes, als was sie zu bieten hat. Mit den zwangsläufig folgenden Enttäuschungen brachte er die Wissenschaft bereits in Verruf. Die neue Form des Aberglaubens ist an sich wissenschaftsfeindlich. Sie verwirft das rationale wissenschaftliche Denken, dessen methodisches, schrittweises Vorgehen, die Umwege, die es in Kauf nimmt, dessen Umsichtigkeit und Bescheidenheit. Ihm zieht sie die spontane Genialität der Phantasie vor; und so wirft sie auch der Schule vor, auf Kosten der Phantasie nur den Intellekt zu entwickeln. Der Wissenschaftler scheint mir wohl am ehesten berufen – mit der Chance gehört zu werden – Lehrern, Eltern und möglichst auch den Mitarbeitern der Massenmedien zu erklären, daß eine Intelligenz ohne Phantasie keine Intelligenz, und daß eine Phantasie ohne Intelligenz keine Phantasie ist. Denn er erlebt ja jeden Tag in seiner Arbeit die lebendige Beziehung zwischen diesen beiden sich gegenseitig ergänzenden und untrennbaren Eigenschaften. Eigentlich liegt gerade darin die bildende Wirkung der Forschung und vielleicht auch deren tiefere Berechtigung, ganz gleich, um welches Fachgebiet es sich dabei handelt.

Ich bin mir wohl bewußt, daß ich das Thema von der Verantwortung des Wissenschaftlers nicht so behandelt habe, wie man es von mir erwartet haben mag. Gewöhnlich denkt man dabei zuerst an die Atombombe, an atomare Kraftwerke, an die Eingriffe im Bereich der Genetik, an künstliche Befruchtung, psychiatrische Behandlungsmethoden usw. Keiner dieser Eingriffe beschränkt sich auf sich selbst. Sie alle tragen Folgen mit sich, die bis in die Gedanken und Vorstellungen des Menschen über sich selbst, über sein Schicksal und seine Geschichte, bis in seine Fähigkeit oder Unfähigkeit reichen, sein Dasein auf dieser Welt zu behaupten.

Worin besteht nun die Verantwortung des Wissenschaftlers? Handelt es sich um reine Wissenschaft, die theoretische und nicht praktische Ergebnisse anstrebt, so gibt es meiner Meinung nach nur zwei Fragen, die das Problem der moralischen Verantwortung des Wissenschaftlers aufwerfen. Die erste betrifft die Wahl des Forschungsgebietes, die zweite die Grenzen, die er der Forschung setzt.

Bei der Wahl des Forschungsgebietes erscheint mir eine Voraussetzung entscheidend, die Heisenberg in seinem Werk «Der Teil und das Ganze» nannte: Es ist die Frage, ist es in einem bestimmten Zeitpunkt ergiebig, auf diesem und jenem Gebiet theoretisch zu forschen.

Die Erwägung der späteren, moralisch oder materiell guten oder schlechten Folgen für das Glück der Menschheit scheint mir im Bereich der theoretischen Wissenschaft keine bedeutende Rolle zu spielen. Das «Glück» ist ein viel zu vager Begriff und ein Gut, das sich nicht «direkt» ansteuern läßt. Zum Beispiel: Je entwickelter die Menschen sind, desto mehr Bedürfnisse haben sie; je höher der Stand ihrer Kultur, desto komplizierter sind ihre Bedürfnisse – und in einem gewissen Sinn verringern sich dann ihre «Glückschancen», wenigstens in der banalen Bedeutung des Wortes. Dazu kommt, daß es im Bereich der theoretischen Wissenschaft kaum möglich scheint, Ergebnisse und Auswirkungen vorauszusehen.

So wenig es richtig ist, bei der Wahl eines Forschungsgebietes den Gedanken an allfällige Auswirkungen ganz auszuschließen, so soll er auch nicht alle Erwägungen beherrschen. Man sollte die Verantwortung des Wissenschaftlers auf diesem Gebiete nicht übertreiben. Es ist gewiß ungesund, ihn seiner Verantwortung ganz zu entheben, aber es ist ebenso ungesund, sie zu übertreiben.

Zum Problem der Grenzen muß bemerkt werden, daß die wissenschaftliche Forschung traditionsgemäß keine Grenzen kannte. Die Vorstellung von einer Begrenzung galt als reaktionär und als Bodensatz einer völlig überholten Theologie.

Ich glaube aber, daß wir heute in den verschiedenartigsten Bereichen an einen Punkt gelangt sind, wo sich das Problem einer Begrenzung der theoretischen Forschung nicht mehr beiseite schieben läßt. Man stößt auf eine Grenze, jenseits derer das grundsätzlich Unerlaubte, das Tabu beginnt. Wenn die Forschung z. B., um fortzuschreiten, die Wesenheit des Menschen zerstört, so stößt sie – meine ich – damit gegen eine Grenze, ein Tabu.

Die Frage ist, zu wissen, wo sich diese Grenze befindet. Ich glaube, daß es kaum Sache des Wissenschaftlers ist, sie zu bestimmen; dies ist vielmehr Aufgabe aller Glieder der menschlichen Gesellschaft. Der Wissenschaftler hat allenfalls die Pflicht, das Problem in seiner Ganzheit zu beleuchten; es ist auch sein Problem, aber nur in dem Maße, wie es das Problem aller ist. Man sollte jetzt nicht als Gegenreaktion auf die frühere Auffassung vom reinen Wissenschaftler, der dank der Erhabenheit der Wissenschaft aller Verantwortung enthoben schien, die übertriebene Forderung nach der totalen und fast ausschließlichen Verantwortung des Wissenschaftlers aufstellen. Es geschieht heute oft, daß Wissenschaftler Manifeste und Erklärungen unterschreiben, die außerhalb ihrer eigentlichen Fachkompetenz liegen. Das tun sie dann aber als Privatperson und nicht in ihrer Eigenschaft als Wissenschaftler. Der wissenschaftliche Beruf enthebt niemanden seiner moralischen Verantwortung als Mensch, aber er verleiht auch niemandem besondere Kompetenzen im nicht zur Wissenschaft gehörigen Bereich.

Wo es um angewandte Wissenschaft geht, schalten sich sogleich alle moralischen und politischen Werturteile ein. Aber man sollte einerseits stets die Umstände und den geschichtlichen Zusammenhang berücksichtigen, in dem eine Entscheidung getroffen wird; andererseits ist die Mehrdeutigkeit selbst voraussehbarer Folgen zu bedenken. Was beispielsweise die Atombombe angeht, so haben wir einerseits Hiroshima und Nagasaki; andererseits ist seit 1945 trotz aller

Krisen und internationalen Konflikte kein neuer Weltkrieg ausgebrochen. Die Antibiotika haben neben all ihren positiven Folgen zur Überalterung der Bevölkerung geführt. Die Medizin und die Herzchirurgie machen Fortschritte, also stirbt man an Krebs und so weiter.

Der Wissenschaftler trägt nur die Verantwortung für die Wahl seines Forschungsgebietes und für die Auskünfte, die er über Ergebnisse seiner Forschungsarbeit abgibt – oder nicht abgibt. Im übrigen trägt er die gleiche soziale und politische Verantwortung wie jeder andere. Er kann nicht allein in jenen Fällen entscheiden, in denen Werte im Widerstreit miteinander liegen oder mehrdeutig sind. Man darf ihm diese Aufgabe nicht aufbürden, noch darf man ihn davon entbinden, noch seine Forschungsarbeit lähmen. Wissenschaftler müssen ihren Platz unter jenen freien und selbstverantwortlichen Menschen einnehmen, die eine Gesellschaft bilden – darüber hinaus und vor allem ihren Platz in der Kultur der Menschheit. Man hat von der Wissenschaft zuviel erwartet, und man hat gehofft, daß die Freiheit dank der Wissenschaft abtreten könne. Und jetzt macht man sie für alle Übel unserer Zeit verantwortlich.

Mit beidem tut man ihr gleichermaßen Unrecht.

Die Wirksamkeit der Tradition in unserer Zeit

Karl Jaspers sagte mir einmal, als wir über mein politisches Engagement sprachen: «Sie sind etwas. Ich bin nichts. Ich bin Luft. So wie die Vernunft.» Diese Worte begleitete er mit einer Geste, die den Raum wie flüssiger machte.

Das war in Basel. Es hätte auch in seinem Haus in Heidelberg sein können, vor dem Krieg. Wenn ich bei ihm war, wußte ich nachher nie genau, ob es in Basel oder Heidelberg gewesen sei. Das begann schon auf der Straße, vor der Türe: es war derselbe Eingang, schmal und hoch, dem Eingang der Nachbarhäuser gleich, in die Atmosphäre der Umgebung passend, aber irgendwie stiller, zurückgezogener wirkend. Im Innern der Wohnung zeigte sich die gleiche Ordnung eines täglichen Rituals, überall, bis an die Decke, waren Bücher, die das Licht von draußen abhielten, das hinter hohen Fenstern die Straßenbahn, die Vögel, die Metzgereien beschien. Es standen die gleichen Stühle um den Tisch im Eßzimmer, die einluden, sich zu setzen und eine Mahlzeit als eine kleine Freundschaftszeremonie zu erleben – die Forderung der gleichen Vergangenheit.

«Ich bin nichts.» Das bedeutet: ich bin verfügbar, immer bereit für die nie erreichbare Wahrheit. Sartre sagt etwas ganz Ähnliches: «Ich bin ein Nichts.» Er ist ein Nichts, weil ein Nichts ihn von seiner Vergangenheit trennt; er ist diese Vergangenheit, weil er sie nicht ist. Jaspers ist von seiner Vergangenheit nicht abgetrennt. Er ist nichts, weil seine Vergangenheit so vollkommen er selbst ist, daß sie ihn nicht belastet und nicht beschränkt; er stellt ihre Verfügbarkeit dar. Eine verfügbare Sättigung – kurz, die Tradition.

«Ich bin nichts. Ich bin Luft.» Das heißt, ich bin diese Tradition, deren Fülle von jeder Tyrannei befreit. Ich lehre nichts. Meine Bücher und meine Vorlesungen, die das Papier schwärzen und das Schweigen durchbrechen, kommen aus der sokratischen Weigerung, jenem nie geschriebenen Werk, welches das Abendland durch Jahrtausende beherrscht und vor dem Lärm der Schlagworte bewahrt hat. Wo ich trotzdem eine Lehre zu haben scheine, hat mir meine persönliche Unvollkommenheit mutwillig die reine Transparenz des philosophischen Glaubens befleckt.

Diese Flecken sind Willkür oder Zufall oder das Produkt der verschiedenen Determinismen, denen ich ausgesetzt bin. Davon frei, wäre ich die verkörperte Gegenwart der Tradition. Angesichts ihr ist alles möglich. Seit Sokrates und seit der Bibel, seit Gott sich jenseits der menschlichen Vorstellungswelt befindet, bedeutet Tradition, daß alles möglich und nichts verboten sei. Aber möglich sind nur Wahrheit und Treue. Denn was hieße noch «wählen», wenn es das zu Wählende nicht gäbe oder wenn es einem nicht entspräche?

Die ganze Vernunftmythologie ist ein kompliziertes Spiel mit Argumenten und Antinomien, während der Akt des Gegenwärtigseins doch so einfach ist. Aber er ist auch schwieriger, weil er, kaum vollendet, sich dem Besitz entzieht, weil er nie dem zukünftigen Augenblick zugehören kann, weil er sich der Sprache und sogar dem Bewußtsein teilweise entzieht. Das Bewußtsein gibt dem Augenblick eine zeitliche Ausdehnung, d. h. eine Vergangenheit, eine Gegenwart und eine Zukunft; es zerlegt ihn in Tradition, Freiheit und Hoffnung; verankert ihn so in der Zeit, daß er diese Zeit durchstößt, so daß in einem Punkt Zeit und Ewigkeit zusammenfallen. Dann sind wir in das Schweigen zurückgekehrt.

Die Tradition ist eine der vielen Komponenten der menschlichen Herkunft, die man nie hätte nennen sollen. Nicht aus Scham, sondern ihres mysteriösen Geschmacks wegen, der ihr anhaftet, weil der Mensch aus feiger Angst oder aus Mangel an Glauben es nicht gewagt hat, sie mit dem Lichte des Geistes auszuleuchten. Wenn man die Tradition nennt, stellt man sie aus sich heraus, sich selbst gegenüber und verleiht ihr so die Undurchsichtigkeit des Angebotenen oder Auferzwungenen. Eigentlich stellen wir nicht die Tradition aus uns hinaus, sondern wir ziehen aus ihr aus. Vielleicht, um besser wählen, auswählen zu können. So verlieren wir ihre freie Gegenwart, um die in der Vergangenheit verstreuten Inhalte: Sitten, Prinzipien, Beispiele, Werte usw. besser sehen zu können. Vom Moment an, da wir das tun, ändert sich alles. Die Tradition wird zu *einer* Tradition unter andern, und zufällig ist es meine. Bin ich *in* einer Tradition, schließe ich keine andere aus; ich nehme dann, wie Jaspers sagt, Grenzsituationen wie Geburt, Sterblichkeit, Ort und Epoche als Gegebenheiten an. *Wähle* ich eine Tradition, und sei es die gleiche, in der ich auferzogen worden bin, schließe ich alle andern aus. Habe ich die Tradition einmal genannt, objektiviert, sie in die geschichtliche Relativität gestellt, sage ich zu den andern Traditionen nein; sie ist nicht mehr selbstverständlich, sie verteidigt sich, sie greift an, sie braucht Anlehnung an die Macht. Sie wird zerbrechlich und darum angreifend. Im gleichen Maße, wie sie sich verteidigt, verliert sie laufend an Sinn, damit auch ihr Ziel, ihre Richtung und ihre Antriebskraft. So zieht sich Tradition in sich selbst zurück, wird sich selbst Objekt, anstatt die gastliche Einfachheit des Vergangen-Gegenwärtigen mit der Blickrichtung in die Zukunft zu sein, eine Einfachheit, welche die Neuheit der Zukunft erfindet. So ist Tradition tot, nur noch in der blumigen Sprache der Rhetoriker und der Ideologien zu finden. Sie dient nicht mehr dem Leben, verhindert sogar andere zu leben.

Freiheit wird dann ihr Heil nicht mehr in der Tradition, sondern in der Revolte gegen sie suchen. Sie ist dann davon dispensiert, Zukunft zu erfinden: der Kampf gegen das Bestehende genügt ihr. Die zerstörte Vergangenheit bekommt einen zukünftigen Sinn (Sinn der Zukunft). Zerstörung ist dann der Schöpfung gleichgesetzt. Strukturen und Formen zu zerschlagen, wird schon als Schöpfung der zukünftigen Gesellschaft und der Stile von morgen verstanden. Wir empfinden das als einen merkwürdigen Glauben an die schöpferische Kraft der Zerstörung, der Negation. Die Freiheit erschöpft sich im Kampf gegen die Tradition, weil sie ganz auf die Vergangenheit gerichtet ist, die sie aufsaugt und versinken läßt. Die Vergangenheit zwingt der Freiheit ihre Kategorien, ihre Gesetze auf, obschon diese jene zu zerstören droht. Durch die so verstandene und bekämpfte Tradition verliert die Freiheit ihr erfinderisches, in die Zukunft gerichtetes Leben.

Diese Situation fand Jaspers vor, als er seine Philosophie schuf. In jener Zeit wurde die Tradition heraufbeschworen, angegriffen und auch gerechtfertigt. Daher sprach er über sie. Aber Jaspers wollte sie weder auf ihre erstarrten Inhalte beschränken, noch von der Revolte gegen sie leben. Gegen den Strom schwimmend, machte er sich daran, durch die traditionellen Formen hindurch das Leben selbst der Tradition wiederzufinden, um der Freiheit wieder ihre Strahlungskraft in der Geschichte zurückzugeben.

Es ist möglich, das ganze Werk Jaspers als eine Reihe von geistigen Übungen zu betrachten, Übungen, für die Rückkehr zum lebendigen Ursprung, zum verlorenen Schatz, ohne den keine Zukunft erfunden werden kann, so daß diese vertrocknet und stirbt. Diese Rückkehr ist nur mit Hilfe der Vergangenheit möglich.

Worin bestehen diese geistigen Übungen? – Es geht darum, die objektiven Elemente der Tradition zu untersuchen, nicht um ihrer selbst willen, sondern um durch sie hindurch jene Inspiration wiederzufinden, die sie hervorbrachte. Heilige Texte, Mythen, Riten, Dogmen, Grundsätze und Werte würden in ihrer Tiefe auf ihre Ähnlichkeit befragt, die erlaubte, ihre historischen Besonderheiten zu überschreiten und das zu erreichen, was die «condition humaine» als solche ist. Aber man muß aufpassen: es handelt sich nicht darum, etwa Mythen zu rationalisieren, ihre Sprache zu ersetzen, weil man diese nur als symbolisches Kleid versteht, sie zu verallgemeinern, damit sie dem Denken des modernen Menschen entspreche; es handelt sich nicht darum, etwa einem Dogma die Schärfe zu nehmen, um es liberaler zu machen oder dem gesunden Menschenverstand annehmbarer. Im Gegenteil: es sind gerade die «fragwürdigen» Punkte oft die besten Energiequellen, die den ganzen Rest tragen, ihm Leben geben.

Man muß dies natürlich von den geschichtlich bedingten Merkwürdigkeiten unterscheiden, die nur Ersatz, Magie oder Vereinfachung im volkstümlichen Sinne sind. Es gibt ein gültiges Kriterium, um das Unechte vom Echten zu scheiden: die störenden Punkte von tiefer Wahrheit lassen sich, wenn sie aufgeschlüsselt werden, überhaupt nicht brauchen; sie verhelfen zu keinem Erfolg, zu keinem Sieg, zu keinem Gewinn, zu keiner Macht über irdische Dinge; aber sie richten die Arbeit der Seele gegen sich selbst, gegen ihre Willkür und ihre leichtsinnigen Wünsche.

«Chiffreschrift» heißt der entsprechende Begriff bei Jaspers. Wer den Inhalt der Tradition als Chiffre liest, muß bis zum Ende der Besonderheiten gehen, bis zu ihrer gerafftesten Form, und darüber hinaus, aber ohne die Einzelheiten zu verlieren; erst dann begreift er deren wahren Sinn oder, besser, ihre wahre Wirksamkeit. Diese Methode ist von der liberalen Interpretation sowie vom dogmatischen Kommentar verschieden. Sie engt den Buchstaben nicht so ein, daß das menschlich Lebendige entweicht; sie verallgemeinert ihn auch nicht bis zum Ruhestand einer universellen Gleichgültigkeit. Gleichzeitig bleibt der Buchstabe bestehen, wie der verbale Körper eines Gedichtes über das poetische Experiment hinaus bestehen bleibt, denn der Buchstabe der Tradition ist wie derjenige des Gedichtes reicher als irgendeine geistige Eroberung und hält unerschöpfliche Möglichkeiten am Leben. Wer also die Tradition entziffert, steht nicht vor einer endgültig unbeweglich gewordenen Sache; er lauscht einer

Sprache, die sich im Laufe der Geschichte verändert und diese übersteigt. Die Variationen dieser Sprache kommen nicht von der veränderten Sicht des Subjekts, sondern von der Tatsache, daß die Tradition, je nach dem historischen Augenblick, in dem das Subjekt sich befindet, anders spricht. Tradition ändert sich nach der Art des Zuhörens, sie verändert sich für den Zuhörer, so wie sich ein Mensch je nach Gesprächspartner mehr oder weniger radikal verändert. Die Tradition hat keine Vergangenheit, die sich selbst genügt. Sie ist etwas, was lebt und sich ohne Unterbruch verändert, je nach dem Blick, den die Gegenwart auf sie wirft. Es ist immer wieder eine andere Vergangenheit, welche die Gegenwart einlädt, die Zukunft zu erfinden.

Die «Übungen» bestehen in einem steten Hin und Her vom Subjekt zu den von der Tradition vererbten Gütern (Dogmen, Mythen, Riten, Symbole, Lehren, Werte, Grundsätze) und zu ihm zurück; die Pole dieses Hin und Her sind nicht das Besondere und das Allgemeine, das Konkrete und das Abstrakte, Aberglaube und Aufklärung, sondern die Transzendenz und die Existenz, d. h. ein Wesen, das auf der einen Seite so mit sich selbst eins ist, daß es geheimnisvoll das konkreteste Zeichen oder Symbol überragt, und auf der andern Seite ein Wesen, das so frei ist, daß alle seine Zuneigungen nur Rückkehr zu sich selbst sind, damit es Unvoraussehbares schaffen kann. Eine solche Entzifferung vollzieht sich in einem wesentlichen Paradox, das seinerseits eine chiffrierte Bedeutung annimmt und daher auch entziffert werden muß. Die Sprache der Tradition ist und muß immer besonders sein, weil diese an einem bestimmten Ort, in einer Epoche, in einer Kulturstufe wurzelt, also historisch bedingt ist. Das ist keine bedauerliche Tatsache, die man einfach annehmen muß, sondern das Zeichen der Echtheit, ein Zeichen dafür, daß sich das Entziffern lohnt und sich diese geistige Übung vollenden läßt. Denn diese historische Bedingtheit, die irgendwo durchstoßen und überholt werden muß, ohne dabei verlorenzugehen, ist der Schlüssel zur Erkenntnis der Bedingtheit des Menschen durch seine Geschichtlichkeit. Eine von der Geschichte unabhängige Sprache zu sprechen oder eine Sprache so zu behandeln, als sei sie von der Geschichte unabhängig, hieße lügen, hieße die Voraussetzungen außer acht lassen, unter denen der Mensch zur Wahrheit gelangen kann. Nimmt man hingegen die historische Bedingtheit eines traditionellen Elementes an, versetzt man sich aus seiner Gegenwart – ohne sie zu verlieren – in jene Gegenwart, die jenes Element zur Welt brachte, so kommt der Austausch mit jenen Menschen zustande, die unabänderlich anders wären und doch nicht von unserer Situation und unserer Sicht abzutrennen sind. Hier sieht man, wie sich die Geschichte und damit der Zeitablauf durch ihre eigene Kraft aufheben. Im Erfassen der unauflösbaren historischen Verschiedenheiten und dem ständigen Wechsel der Perspektiven werden alle Menschen, alle Sprachen, alle Glaubensarten uns gleichzeitig. So beginnt ein Dialog über alle noch so extremen Besonderheiten der Epochen, über alle Jahrhunderte und Jahrtausende hinweg. Man muß genau verstehen, wie sich dieser seiner Möglichkeit nach universelle Dialog über Ort und Zeit hinweg von der historischen Interpretation des 19. Jh. unterscheidet. Diese gab sich jeder Tradition der Vergangenheit gegenüber wohlwollend und herablassend, sie wollte jede wiederaufleben lassen. Der Interpret betrachtete sich selbst als Historiker. Im Innersten davon überzeugt, daß ihm der Fortschritt eine Überlegenheit sichere, konnte er es sich leisten, sich vor dem Gegenstand seiner Untersuchung gewissermaßen auszulöschen; um besser verstehen zu können, entledigte er sich seiner eigenen Vorurteile; er schuf einen leeren Raum um sich. Wie ein Physiker in seinem Laboratorium stand er allein im Dienste der Wahrheitsfindung. Aber er war ebenso wenig moralisch mit seinem Untersuchungsobjekt verbunden wie der Wissenschaftler mit dem seinen. Dagegen erfordert der von Jaspers angeregte Dialog von seinem Interpreten –

ganz im Gegensatz zur Rolle, die ein «unparteiischer Beobachter» spielt – den vollen Einsatz seiner menschlichen Persönlichkeit und seines Glaubens und verlangt von ihm, der Vergangenheit nicht einfach einen Spiegel vorzuhalten, sondern sich mit ihr in Streitgespräche einzulassen, gleich auf gleich und ohne Konzessionen. Aus diesen Streitgesprächen ergibt sich weder eine «summa» noch ein Gemenge von Lehren, noch ein Kompromiß – eigentlich überhaupt kein geistiger Besitz, der sich formulieren oder überliefern ließe. Der Sinn der Debatte liegt in ihr selbst: im Ereignis, das sie darstellt, in der Art, wie sie Transzendenz einschließt, ohne sie zu besitzen, in der Kraft des Wortwechsels, in der Achtung und der Notwendigkeit, die sie den menschlichen Besonderheiten bezeugt, die ihrerseits Wahrheit ausdrücken.

Aber wenn wir die historische Besonderheit als wichtiges Element des allgemeinen menschlichen Wesens erkennen, es annehmen, lieben oder auch nur ertragen, um dadurch die Kommunikation in Gang zu bringen, so erfassen wir sie, indem wir einem Geschehen seine historische Sonderheit lassen und uns ganz in sie hineinlassen. Wir verlieren und verkennen sie, weil mit dem Erfassen der Notwendigkeit und des Sinns aller Besonderheit das Besondere verlorengeht, die unvergleichliche Einmaligkeit ausgeschlossen wird. Das alles bedeutet, sich außerhalb der Tradition zu stellen – auch wenn man wie Jaspers die Tradition in Anspruch nimmt, in der Tradition zu leben.

In einem sozialen «Körper» äußert sich die Kraft der Tradition in den heiligen Schriften, in den Institutionen, in den Instanzen. Sie zwingt auch den Gewohnheiten ihre Regeln und Hierarchien auf. Sie errichtet eine Ordnung, setzt dem Erlaubten seine Grenzen und fordert das ihr Gebührende, ohne sich zu rechtfertigen. Weil sie sich nicht rechtfertigen muß, ist sie den Einzelmenschen genügend große Autorität, um die Gewalt der Gier und der Leidenschaften in Schach zu halten oder wenigstens die Schäden zu beschränken. Wenn ich sage, die Tradition sei dem Einzelmenschen eine Autorität, habe ich mich schlecht ausgedrückt: sie konstituiert den Menschen, ist Teil seines Wesens. Sie verleiht seinem ihm wesentlichen Verhalten zwingende Selbstverständlichkeit. Die konventionellen Redensarten «das macht man so» und «das tut man nicht» haben einen tiefen Sinn. Die Rechtfertigungen kommen erst später und sind meistens schwach. Es ist, als käme die Durchsichtigkeit der Argumente ohne die undurchsichtige, dicke Schicht, in der die Verhaltensformen wurzeln, nicht aus.

Ein italienischer Freund, der siebzehn Jahre lang in Mussolinis Gefängnissen verbracht hatte, erzählte mir, es habe ihn tagelang beschäftigt, als er erfahren, daß er nur eine Erklärung seiner Unterwerfung unter das Regime zu unterschreiben brauche, um frei zu sein. «Wenn ich es nicht tat», sagte er, «so hatte das nichts Heldenhaftes an sich. Ich konnte es einfach nicht.» So wirkt sich die Tradition aus, wenn sie stark und tief ist. Ohne Zweifel wäre mein revolutionärer und kompromißlos nonkonformistischer Freund peinlich berührt, wenn er erführe, daß ich sein Betragen als ein Beispiel reinster Tradition darstelle.

Rodrigo mußte den Vater der Chimene töten, darüber gab es keine Diskussion; heute erscheint uns das weit weniger einsichtig und mein italienischer Freund wäre sogar dagegen. Antigone mußte Erde auf die Leiche des Polyneikes häufen; heute würden wir diese Geste als Selbstmord bezeichnen und sagen, sie hätte wichtigere Pflichten gegenüber ihrer lebenden Schwester gehabt als gegenüber ihrem toten Bruder. Was bei Phaedra den Sieg der Größe über die Schmach ausmacht, ist der schicksalshaft unheilbare Charakter ihrer Leidenschaft. Aber einer meiner Schüler erklärte einmal: «Das verstehe ich nicht. Phaedra weiß doch, daß die Verbindung mit Hippolyt zu nichts führt. Warum hängt sie sich doch an ihn?» Dieser Schüler stellte sich damit außerhalb einer vielleicht sterbenden Tradition, welche der nicht zu rechtfertigenden Absolutheit der Liebe hohen Wert beimaß. Vielleicht würde er sich außerhalb jeder traditionellen Wertung stellen.

Immerhin wäre es möglich, daß mein italienischer Freund, Rodrigo, Antigone und Phaedra einander verstehen könnten, obschon sie das Verhalten der andern als absurd, als sinnlos beurteilen würden.

Etwas Gemeinsames haben sie doch: sie sind in der absoluten Forderung einer Tradition verankert. Vielleicht töteten sie einander im blinden Eifer, mit dem jeder von ihnen *seiner eigenen* verblendenden Gewißheit nachjagt. Mein Schüler, sofern er wirklich die tragische Höhle verlassen hat, wo es von absoluten Forderungen widerhallt, um nur noch die Technik der geeigneten Mittel zum Zweck der Lebenserhaltung anzuerkennen, dieser Schüler wird keinen von ihnen mehr verstehen können und schon gar nicht die Tragik an sich.

Jaspers verstünde sie alle. Jeden so, als wäre er allein. Und jeden, wie er sich selbst versteht.

Aber was würde er tun? Vor allem, was würde er lehren, wenn er Studenten vor sich hätte, die bereits von der einen oder andern Tradition überzeugt wären – oder wenn es gar solche Studenten wären, die für jede Tradition verloren wären, trotzdem aber wie Kinder mit weit geöffneten Augen alles von ihm erwarteten? Die Antwort ist klar: er erzöge sie in der Tradition, die in seinen Augen das Abendland bestimmt: in der biblischen. Diese setzt die Existenz eines einzigen, erhabenen, in dieser Welt anwesenden und zurückgewiesenen Gottes voraus, dem die Menschen, willig oder unwillig, verpflichtet sind, und durch den das Absolute, ob man es wolle oder nicht, im menschlichen Geschehen mitschwingt. Wie aber ist das Gesicht dieses Absoluten, und welches ist seine genaue Forderung? *Eines* der Gesichter, *eine* der Forderungen biblischer Tradition, denn diese Tradition ist mannigfaltig, und jede Forderung hilft der anderen, die Ausschließlichkeit zu überwinden, welche die Transzendenz verdunkelte. Und trotzdem muß die Ausschließlichkeit als solche begriffen und angenommen werden. Das Objekt des Glaubens (das Gesicht des Absoluten) ist «jeweils einzig». Aber wie kann man erreichen, daß dieser Gedanke nicht die verschiedenen Einzigartigkeiten überragt und sich so der richtigen Perspektive entzieht, die von jeder Besonderheit ausgehen muß? Und wenn sich ein solcher Gedanke ganz verflüchtigte, weil er den Sinn der Chiffre kennt und auch die ontologische Notwendigkeit der Einzigartigkeit und niemand ihm in dieser Hinsicht noch etwas beibringen könnte? – «Ich bin nichts. Ich bin Luft.»

Das Kind fragt, ob die Bibel ein einmaliges Buch sei, ob Gott nur in ihr zum Menschen gesprochen habe; ob Jesus Christus nur einmal auf dieser Erde anwesend gewesen sei. Ihm ist der einzige Gott gleichbedeutend mit dem Glauben an *diesen* einzigen Gott. Können da die kultischen Formen und die Texte der Gebete verschieden sein?

Wenn man das Kind auf moralischem Gebiet lehrt, was erlaubt, was verboten ist und was verlangt wird, und man dies als etwas Wesentliches ausgibt, kann man es zugleich lehren, daß dieses Wesentliche veränderlich sei? Wird man ihm sagen, daß man einen Wert, den man es lieben lehrt, durch andere Werte ersetzen kann, wenn man diesen Wert kategorisch und nicht bloß hypothetisch allen anderen Werten vorzieht, sogar dem Wert seines Lebens und demjenigen seiner Wünsche?

Das Kind stellt einfache Fragen, auf die man mit ja oder nein antworten muß, und jedes Verhalten der Erwachsenen ihm gegenüber ist eine Antwort, und zwar eine wirksamere und tiefere als jede gesprochene. Im religiösen Bereich befinden sich viele Kinder der westlichen Länder in einer zwiespältigen Lage: Die Eltern schicken sie in den Religionsunterricht und wachen vielleicht sogar darüber, daß die Vorschriften der Priester oder Religionslehrer befolgt werden. Aber sie selbst praktizieren nicht. Sie sind der Religion gegenüber nicht etwa feindselig eingestellt, sie schätzen deren erzieherische Tugenden auf moralischem, poetischem und metaphysischem Gebiet; diese Eltern wollen, daß ihre Kinder später in schweren Lebenssituationen religiösen Halt finden. Nur stehen sie selbst aus irgendeinem, meist nicht gewichtigem Grund, außerhalb der Kirche. Sie halten sich nicht mehr an deren Bräuche. Sie existieren nicht mehr auf der religiösen Ebene, oder dann lebt ihr Glaube ohne Kirche. Dem Kind aber wird beigebracht, daß die Bräuche wesentlich seien, daß es z. B. eine Sünde sei, am Sonntag die Messe nicht zu besuchen. Die Eltern schicken das Kind in den Gottesdienst, besuchen ihn aber selbst nicht, obwohl sie sich weder abschätzig noch ironisch darüber äußern. Diese Art Weigerung lastet schwer auf dem Kind, denn sie beweist, daß man ohne Kirche, Kult und Messe auskommen kann. Hier stoßen wir auf einen Punkt, wo die so vernünftig scheinende Verteidigung der weltlichen Schule, die konfessionell neutral bleibt, einen Trugschluß verbirgt: sich aller Ausübung und religiösen Stellungnahme entziehen beweist, stärker als eine Demonstration es könnte, daß es möglich ist, ohne auszukommen; so macht man aus der Religion eine freiwillige Angelegenheit und negiert damit das Wesentliche.

Damit will ich nicht sagen, daß die weltlichen Schulen zu verwerfen seien und man zu den konfessionellen zurückkommen sollte – das Problem ist sehr komplex und an die politischen, sozialen, ökonomischen und ideologischen Zustände eines Augenblicks gebunden. Ich unterstreiche nur, daß das Problem nicht so einfach zu lösen ist, wie viele glauben, und daß der universale Anspruch der neutralen Schule für viele Gläubige keine Selbstverständlichkeit ist.

Das Kind, von dem wir sprachen, kann sich auf zwei Arten verhalten: Entweder wird es das, was die Religion von ihm fordert, in die Reihe jener Pflichten einordnen, die aus geheimnisvollen Gründen nur Kindern obliegen, oder dann nimmt es die religiöse Unterweisung sehr ernst, so daß die elterliche Weigerung in seinen Augen einen tragischen Charakter bekommt, was der Anfang schwerwiegender Konflikte sein kann, die kaum voraussehbar sind.

Es kommt vor, daß Eltern sich den religiösen Pflichten unterziehen, nur um ihrem Kind Konflikte zu ersparen. Ich glaube nicht an die Wirksamkeit solcher Anstrengungen. Niemand ist sensibler als ein Kind, wenn es um echt und unecht geht; es merkt, ob ein Verhalten echt oder gemacht ist. Das ist übrigens eine der größten Schwierigkeiten jeder Erziehung. Der gute Wille, ein starker Wille oder Tugendhaftigkeit genügen nicht. Herz, Körper, Geist müssen zusammenstimmen. In entzweiten Familien z. B. tragen die Opfer, die man bringt, um vor dem Kind den Schein zu wahren, nicht die erhofften Früchte: das Kind weiß zwar nichts, aber es wird nervös und schwierig. Ist es umgekehrt von häufigen Szenen gequält, kann es vielleicht über die Konflikte hinwegkommen, gerade weil diese heftig ausgetragen werden und darum nichts Verborgenes auf ihm lastet. Diese Art kindlichen Instinktes spielt überall und vor allem auf religiösem Gebiet. Wenn so viele Pfarrerskinder militante Atheisten werden, so nicht aus dem banalen Grund, daß sie einfach gegen ihr Milieu revoltieren. Es kommt daher, weil sie als Kinder spürten, daß der Beruf des Vaters diesen verpflichtete, so zu tun, als lebe er ständig, in jedem Augenblick innig seinen Glauben, was in Wahrheit nur in wenigen günstigen Momenten möglich ist. So mangelte vielen Worten des Pfarrers die Substanz, die innere Teilnahme, so daß mehr im Ausdruck war als im Wesen, das sie ausdrückte. Kinder verstehen solches nicht. Aber sie spüren es. Und wenn es sich so abspielt, so hassen sie. Ich glaube daher nicht, daß Eltern dieses Problem lösen können, indem sie sich äußerlich den Riten und Dogmen ihrer Konfession unterwerfen, in der sie ihre Kinder erziehen.

Jaspers gäbe mir in diesem Punkt zweifellos recht. Was er übrigens «Tradition» im «religiösen Bereich» nennt (ich weiß wohl, daß der Ausdruck «religiöser Bereich» in den Ohren Gläubiger falsch klingt), ist nie diese oder jene Konfession, es ist die «biblische Tradition», die er den Besonderheiten, Engheiten und Anmaßungen entrissen und sie der menschlichen Demut angesichts der Größe Gottes wieder gegeben hat.

Es ist ohne Zweifel möglich, dieser genauen Vertiefung in jeder Konfession zu leben, diese Entzifferung der Besonderheiten, der Dogmen und der Riten zu vollziehen und damit wieder auf die biblische Tradition zu treffen, die das Wesentliche enthält. Soll die religiöse Erziehung des Kindes darin bestehen, es die Zeichen verstehen zu lernen, die doch mit historischen Besonderheiten beladen sind, um zur Einheit der Transzendenz zu gelangen? Oder muß diese Lehrzeit durch eine naive Phase hindurchgehen, in der man am besonderen als einem Einzigartigen hängt, um die spätere Entzifferung des Erwachsenen zu nähren? Für den ersten Fall wüßte ich keine Konfession, die dazu geeignet wäre. Und wenn es eine gäbe, zweifle ich, ob die Anhänglichkeit, die seit der Kindheit besteht, genügend Wurzeln im Wesentlichen fassen könnte und dann doch noch so allgemein wäre, daß diese Art von Religiosität einen tiefen und aktiven Einfluß auf die Individuen und die Gemeinschaft ausüben könnte.

Im zweiten Fall stellt sich meiner Meinung nach das verflixte Problem der Überlieferung: wir leben alle, ob wir wollen oder nicht, in einer Atmosphäre, die von Glaubensinhalten geladen ist, die nicht mehr die unseren sind, aber noch jene unserer Eltern oder Großeltern waren. Die indiskutable Verwurzelung in diesem religiösen oder moralischen Credo ist noch nicht weit entfernt von uns. Aber von Generation zu Generation, schon von Jahr zu Jahr scheint sie mehr und mehr zu verschwinden, eine unberührte und verfügbare «Luft» zurücklassend. In den Jahren 1938/39 war alles reif für den Krieg; der Kriegswillen hatte in vielen gesiegt, bevor er sich diplomatisch und militärisch durchgesetzt hatte. Im Laufe der folgenden Jahre war man reif für Bombardemente offener Städte, ziviler Bevölkerung. Und es mußte ein Volk, von andern gezwungen, für Folterungen und Verbrennungs-öfen reif werden. Ein Drittel der Weltbevölkerung reifte während langer Zeit für ein Regime ständigen Terrors heran, das Wahrheit vorgab und Zwangsarbeit verfügte. Und es ist noch nicht lange her, daß die Kontinente für die Atombombe heranzureifen schienen. Und trotzdem werden immer noch die Zehn Gebote gelehrt. Leider ist es wahr, daß sie auf historischer Ebene anscheinend nichts verändert haben. Wer wird sie noch überliefern, wenn niemand mehr ehrlich ihre wörtlich zu nehmenden Forderungen lehren kann? Trotz der Gebote nahm Jesus die Ehebrecherin in Schutz. Aber er hat nicht gesagt, sie habe nicht gesündigt, sondern: «Wer ohne Sünde ist, der werfe den ersten Stein.» Aber bei Isolde weiß man nicht mehr, ob sie gesündigt habe, denn es gab den Liebestrank. Vielleicht war ihre Heirat mit König Marke keine wirkliche Heirat, weil Gott sie nicht geeint hatte. Die Transzendenz bleibt dem Menschen unbekannt, unzugänglich, jenseits aller menschlichen, auch frommen Anstrengungen, sie in dieses Leben hereinzuholen. Hier beginnen die Interpretationen, die Symbole, die Lehre von den Einzelfällen. Die katholische Kirche verteidigt sich und betont die sachliche Wirksamkeit der geheimnisvollen, aber wörtlich zu nehmenden Sakramente. Aber das gehört nicht mehr zur biblischen Tradition im Sinne von Jaspers. Vielleicht leben wir alle vom Rest eines stattlichen Erbes, ohne es zu wissen, da wir glauben, es sei längst erschöpft. Vielleicht hinterlassen wir unseren Nachkommen ein viel tieferes Elend, als wir es uns vorstellen können.

Betrachtet man die Einstellung Jaspers' zur Tradition nicht für sich allein, sondern in ihrer Beziehung zur heutigen Situation, die von außen angegriffen wird und sich von innen heraus verteidigt, so erscheint sie einem zugleich als hilfreich und gefährlich. Ich selbst kann nichts anderes anbieten, und wenn ich sie in Frage stelle, wenn ich sie verdächtige, so darum, weil ich in ihr ein mögliches Trojanisches Pferd vermute; aber eigentlich traue ich nicht mir selbst; ich könnte ihm nicht die Tore zur Stadt öffnen.

Versuchen wir einmal, einen der bedrohlichen Aspekte, der uns belastet, genauer anzusehen. Vielleicht begreifen wir dann die mögliche Wirksamkeit einer Tradition besser, wie Jaspers sie versteht.

Man kann sagen, daß sich menschliches Leben zwischen zwei Polen erfülle: Zwischen dem Pol des Seins, d. h. alles Gegebenen, das von innen oder von außen kommt, zwischen dem, was das Subjekt einfach ist, ohne es gewählt oder hervorgebracht zu haben – und dem Pol des Tuns, d. h. dessen, was wir gewählt, gewollt, gemacht haben. Das Subjekt wählt weder seine Epoche, noch seine Umwelt, noch seine Vorfahren, auch nicht seine körperliche Konstitution und seine menschlichen Bedingungen und noch viele andere, bereits entschiedene Faktoren seines irdischen Lebens. Auf der andern Seite bekommen all diese Gegebenheiten erst ihren besonderen Wert durch die eigentliche Tätigkeit des Subjekts, durch seine Zustimmung, seine Ablehnung, seine Art, den Grenzsituationen einen Sinn zu geben. In jedem Augenblick seiner Geschichte befindet sich das Subjekt in einer vorgegebenen Situation, in einem Netz von Tatsachen und Verpflichtungen, die es teilweise selbst durch das, was es war, hervorgebracht hat. Es ist sogar selbst ein Teil des Gegebenen. Aber das sind Dinge, die jeder mit einem gesunden Menschenverstand weiß.

Nun ist aber bei uns folgendes geschehen: das Tun hat im Selbstbewußtsein das Sein langsam aufgezehrt. Das bedeutet nicht, daß es dem Subjekt gelungen sei, die Grenzsituationen zu besiegen, sie zu überschreiten oder gar auszulöschen. Aber alles, was der Mensch nicht selber schafft, all das, was er nicht freiwillig hat wählen können, das wirft er von sich weg, das gehört einfach nicht zu ihm, das ist nicht er selbst. Alle Gegebenheiten seines Schicksals sind nur zufällige Kleider, nicht seine Haut, nicht sein Fleisch oder das Skelett seines Seins.

Der moderne Mensch wirft diese Kleider ab, d. h. das, was sich ihm nicht fügt, um seine ursprüngliche und einzigartige Reinheit wiederzufinden.

Nehmen wir einige Beispiele. Es ist noch nicht lange her, da empfand ein Mensch seine soziale und nationale Zugehörigkeit als einen Grundbestandteil seines Wesens. Er *war* der Sohn des Uhrmachers, des Bauern, des Philosophen oder des Fürsten. Der Sohn des Uhrmachers glaubte – vielleicht zu Unrecht – in seinen Fingerspitzen, in seinem Blick, in seinem Geist eine genauere Empfindung zu spüren als andere. Der Bauernsohn vermeinte einen Instinkt für die Entwicklung der Lebewesen zu haben, eine sichere Geduld, eine tief verwurzelte Fähigkeit, mit der Langsamkeit der Natur und deren großen Gesetzen zusammenarbeiten zu können. Der Sohn des Philosophen entdeckte in sich die wesentliche Neigung, jede Erfahrung und jede Überlegung nicht bloß als Erscheinung zu betrachten, sondern jenseits ihrer auch den Sinn zu suchen. Der Sohn des Fürsten glaubte bereits in seinem Herzschlag jene gebietende Macht zu spüren, die Gott ihm für seine irdische Existenz vorbestimmt hatte. Und wenn bei Shakespeare das Königliche des Königs bedroht ist, so handelt es sich um die Frage von Sein oder Nichtsein.

Uns erstaunt ein entthronter und trotzdem wohllebender König nicht. Die Herkunft, der Beruf des Vaters, das Familienverhältnis, das alles haben wir mehr oder weniger in den Bereich des Zoologischen verdrängt, samt der Vererbung. Desgleichen die ethnische und nationale Zugehörigkeit. Das alles ist das «Draußen», es ist der Freiheit hinderlich. Das alles bestimmt die Menschen, wenn sie nicht sich selbst sind, wenn sie sich damit begnügen, zu sein, anstatt sich zu schaffen – oder, wie Sartre es ausgedrückt hat: diese Menschen sind das, was sie nicht sind. Wesentliches Sein des Menschen ist nicht einfach Dasein, sondern das Erfinden seiner selbst, indem er von sich wirft, was ihm gegeben ist. Dieses Verwerfen geht noch viel weiter. Auch das sich erschaffende Subjekt, auch das durch sein Handeln erschaffene Subjekt hinterläßt auf seinem Wege, was dazu bestimmt ist, deterministisch zu wirken. Nehmen wir als Beispiel einen in familiären und finanziellen Belangen privilegierten Mann, der nicht gezwungen ist, einen bestimmten Beruf zu ergreifen. Er kann frei wählen. Sobald dieser gewählte Beruf der seine geworden ist, wird er zur Gegebenheit der äußeren Welt. Sofort hindert er ihn daran, sich selbst zu sein und löst sich von ihm ab wie eine alte Haut. Ich verweise hier auf die Studie, die Sartre in «L'être et le néant» von einem Kaffeehauskellner gemacht hat: dieser Mensch entzieht sich ständig seiner Funktion; er ist auf die Art Kellner, daß er es nicht ist. Damit will Sartre nicht sagen, daß dieser Beruf weniger interessant sei als irgendein anderer. Die Studie trifft auf alle sozialen Funktionen zu. Sie ist sogar gültig für das, was in einer entfernten oder nahen Vergangenheit gewählt wurde und noch andauert.

Bergson war nahe daran, das Sein des Subjekts mit der lebendigen Gegenwart seiner gesamten Vergangenheit gleichzusetzen. Die Intuition, durch die es sich begreift, taucht auf metaphysische Art und Weise in die dichte, undeutliche, aber vielschichtige Tiefe der Erinnerung. Die Intuition ist ein feinschmeckerisches Vermögen des Menschen, und diese Feinschmeckerei eines Gedankens, sprachlich so gewandt ausdrückt, was von der Substanz her eigentlich gewichtig und gefangen ist, erklärt wahrscheinlich Bergsons Affinität zum Katholizismus.

Niemand ist im umgekehrten Sinne weiter gegangen als Sartre. Das Subjekt wird erst seiend durch den gleichen Akt, mit dem es sich von den Gegebenheiten losreißt und damit von der Vergangenheit, die es von allem trennt, was ist. Die Haut des Nichts trennt Dinge, Tatsachen, Traditionen von dem, was der Mensch durch seine Wahl selber hervorbringt. Er schafft sich selbst, indem er nichts von dem allem ist, indem er das Nichts schafft, welches das Sein retten soll, indem es dieses Nichts selber ist. Das völlig freie Subjekt ist ein Nichts an

Substanz, ein reines Tun des Nichts. Seltsamerweise finden wir hier völlig unerwartet theologische Begriffe wieder, hier aber auf den Menschen angewendet. Es ist, wie wenn der Mensch, wenn er aufgehört hat, Gott anzugreifen, weil dieser ja tot ist, sich auf gleiche Art an sein letztes Opfer heranmachen würde, an den Menschen, an sich selbst. Nach jüdisch-christlicher Tradition ist Gott erst Gott, wenn er ex nihilo schafft. Und nach Sartre ist der Mensch erst dann Mensch, wenn er ex nihilo schafft.

Wenn ich dies sage, glaube ich nicht einem weitverbreiteten Irrtum verfallen zu sein, den ich gerade berichtigen möchte. Es ist nicht wahr, daß Sartre sich dieses Nichts bedient, das die Gegenwart vom Vergangenen trennt, um den Menschen auf eine verantwortungslose Momentbezogenheit zu führen, wo jeder neue Augenblick moralisch unberührt ist. Diese Interpretation ist falsch. Im Gegenteil: die Verbindung zwischen dem Subjekt und seiner Vergangenheit reißt nie ab, denn sie bewirkt ja gerade, daß das Subjekt seine Vergangenheit in der Art ist, daß es sie gerade nicht ist. Im Augenblick des Todes, wenn der Zwischenraum des Nichts, der die Gegenwart-Zukunft von der Vergangenheit trennt, sich auflöst, wird die Vergangenheit als Ganzes das definitive Wesen des Verstorbenen. Dieses Nichts, das den Zeitablauf aufhebt, dient bei Sartre dazu, den Menschen vor eine ganz freie Wahl ohne Entschuldigungsmöglichkeit zu stellen; das Nichts erleichtert nichts und erlaubt keine moralische Ausflucht. Die Vergangenheit kann nicht mehr als Alibi gebraucht werden und auch nicht als mildernder Umstand. Die Verantwortlichkeit gilt umfassend, ontologisch, unbefleckt von aller Psychologie. Allerdings erfüllt sich das Subjekt nur im reinen Nichts und nur punktuell, dann nämlich, wenn es sich aus aller Erinnerung in den reinen Akt zurückzieht.

Also genau das Gegenteil von Bergson: Bei Sartre scheint die Sprache ganz konkret und fleischlich zu sein, aber das Ziel der Untersuchung ist auf eine Verweigerung, auf eine fanatische

Weigerung, auf das Nichts hin ausgerichtet. Man spürt eine Art Entsetzen vor der Substanz: diese ist nicht unerschöpfliche Fülle, sondern eine Masse, an der man festklebt.

Man beobachtet in all dem ein merkwürdiges Überleben theologischer Kategorien, die auf den Menschen angewendet sind, und Denkmodelle von Descartes. Man findet in Sartres Denken nicht nur die Idee der Schöpfung aus dem Nichts, sondern auch diejenige der Zeitaufhebung und der immer neu sich vollziehenden Schöpfung. Freiheit wird als eine absolute, völlig entkörperte Energie verstanden. Und die Erinnerungen sind nur dazu da, daß man zu ihnen sagen kann, man sei sie nicht. Sie bilden einen Körper, den die Freiheit ständig zurückweist.

Tradition ist eine äußere und innere «Sache». Sie drängt sich dem Subjekt als eine Autorität auf und gleichzeitig ist sie in einem organischen, ununterschiedenen, dichten Sinne ein konstitutiver Teil seines Wesens. Tradition ist eine von außen herkommende, aber verinnerlichte Gegebenheit, und die Verinnerlichung selbst ist gegeben. Ein Denken wie das unserer Zeit, das seinen extremen Ausdruck bei Sartre gefunden hat, entledigt sich der Substanz zugunsten des reinen Akts, und es wendet sich von der Vergangenheit ab, damit ihm eine Neuschöpfung möglich wird. Solch ein Denken verdammt gezwungenermaßen die Tradition. Das ist eine cartesianische Bewegung. Descartes verwarf aus Liebe zum Wollen und zum reinen Gedanken den ganzen verworrenen Bereich der Gemütsempfindung. Wir heutigen Menschen werfen aus Liebe zur reinen Freiheit den verworrenen Bereich der Tradition und der Erinnerung in den Eimer des Determinismus. Wir wollen frei sein und unser Verhalten nicht einer traditionellen Moral angleichen, sondern mit jeder unserer Taten eine neue Moral schaffen.

Aber die Sache hat einen Haken. Diese rationalistische und zugleich puritanische Unerbittlichkeit zerstört sich selbst. Denn dadurch, daß ein Subjekt etwas *ist*, hebt sich seine Freiheit auf und weist auf seine Substanz (auch ein theologischer Gedanke, der auf den Menschen angewandt worden ist: die Frage nach den Bestimmungen Gottes). Aber wenn das Subjekt *nichts ist,* kann man in diesem Vakuum nur ein Funktionieren und keine Freiheit erkennen. Die Freiheit einer Substanz ist eine geheimnisvolle Möglichkeit, während die Freiheit ein Nichts, eine Sinnlosigkeit ist. Freiheit beschränkt sich so auf das mögliche Funktionieren eines Elektronengehirns.

Da wundert es uns nicht, daß die andere extreme Philosophie unserer Zeit der Stalinismus war. Das Denken Sartres suchte bei dieser Philosophie Gemeinsamkeiten und wollte mit ihr einen geistigen Austausch, der allerdings nicht gelang. Der Stalinismus stellt ein System totalen Funktionierens dar. Für Sartre gibt es auf der Ebene der Freiheit nur Mögliches, kein Wesen. Im Stalinismus gibt es ebenfalls kein Wesen, und die Möglichkeiten sind in der einzigen Notwendigkeit der universalen und historischen Maschinerie untergegangen. Es gibt also nur entweder Möglichkeiten für ein Subjekt, das nichts ist, oder die mechanische Ordnung für ein Ganzes, in dem es niemanden gibt: das ist die Alternative, die uns Humanisten unserer Zeit anbieten. Aber wenn doch die Möglichkeiten für ein existierendes Subjekt, das nichts ist, da sind, warum soll man ihm nicht die lückenlose Ordnung eines kompetenten Ingenieurs vorziehen?

So treibt die verlorene Tradition das Subjekt samt seiner Freiheit in die Sackgasse des Stalinismus, die vollständig abgeschlossen ist.

Wo steht auf diesem Hintergrund nun Jaspers? Eigentlich eine sinnlose Frage. Er läßt sich nicht einordnen. Er ist durch alle Hinterhalte und Versuchungen der Zeit hindurch die freie Bewegung, welche die Widersprüche einander angleicht, sie zugleich aufeinanderprallen läßt, sie versöhnt, kennt und sie mit unbeirrbarer Sicherheit überschreitet, ohne sie zu verlieren oder zu verwerfen. Nur etwas weist er zurück, und zwar kompromißlos: daß er sich vor anderem verschließt. Denn das zerstört die Beziehung vom Menschen zum Mitmenschen, zur Wahrheit, zur Geschichte, zu sich selbst und zur Transzendenz. Wer sich verschließt, sei es im Dogmatismus, Fanatismus oder im wissenschaftlichen Aberglauben, der wird von Jaspers aufgerufen, eine äußerste Anstrengung für menschliches Verstehen zu leisten, einen letzten Versuch zugunsten der tiefsten Tradition zu wagen, daß nämlich ein Mensch für seine Mitmenschen etwas Wertvolles und Notwendiges sei. Diese äußerste Anstrengung besteht darin, den verschlüsselten Sinn des Systems zu finden, in dem der andere sich eingeschlossen hat; es gilt, die Buchstabentreue der Erscheinung zu überwinden, um die Perspektive auf die Transzendenz zurückzugeben.

Es gibt für totalitäre Systeme aller Tendenzen keinen größeren Feind als dieses Denken, das verfügbar und zugleich substanziell ist, das gegen die Leere durch eine Tradition geschützt wird, in welcher der Glaube sich nicht binden läßt, sondern alle Illusion zurückweist und sich allen Risiken aussetzt. Solcher Glaube weiß wohl um die totalitären Mythen, leugnet sie also nicht, aber entziffert sie, macht sie durchsichtig, ersetzt sie in Geschichte und Tradition und gibt diesen ihre chiffrierte Bedeutung zurück. Wenn dieses Denken stark ist, wird es den Schlafwandelnden wachrütteln, so daß er sich an die Stirne greift und zu der wahren Verworrenheit menschlicher Angelegenheit zurückfindet.

Was aber vermag eine Tradition, die nach Jaspers ohne Besonderheit allen Besonderheiten offenstehen müßte, in unserer Welt der Bedrohung und der Versuchung?

Gewiß wird das Denken von Jaspers hie und da ein freies Wesen hervorbringen, eher noch Wesen, die frei sein wollen, weil sie Wahrheit einer Formel, die Transzendenz einer Doktrin vorziehen. Für diese Menschen und durch sie werden die menschlichen Traditionen gerettet.

Genährt von mannigfaltigen, konkreten und kostbaren Traditionen, die sie in ihrer Zeit ersetzen und wieder aufleben lassen wollen, um durch die Geschichte hindurch ihre ewige Bedeutung wiederzufinden, sind solche Menschen gehalten und gesichert, durch die Tradition und durch sie hindurch. Ihre Heimat, ihr väterliches Haus kann ihnen keine Verbannung nehmen; in dieser Tradition schließen Substanz und Freiheit einander nicht mehr aus; in ihr entsteht kein Heimweh nach dem Gefängnis, und es gibt keine verängstigten Vagabunden. Offen und doch gebunden, über Zeit und Raum hinweg stützen sich die von der Tradition Genährten auf die absolute Forderung, die mit den bestimmten Forderungen verschmilzt. So hat Sokrates den Tod gewählt, obschon er das über ihn gesprochene Urteil verachtete.

Paradoxerweise verurteilt sich das Denken von Jaspers, weil es bereit ist, jede traditionelle Besonderheit anzunehmen und nach ihrer Bedeutung als Chiffre zu fragen, zur sozialen Wirkungslosigkeit. Sein Denken, das alles differenzierter macht, verunmöglicht es einer Gesellschaft gerade, sich zu einer gegebenen, besonderen und genau abgegrenzten Tradition zu bekennen. Wenn man die Mythen der religiösen Tradition oder Moral als Chiffre liest, wird man unfähig, neue zu schaffen. Das Leben von Jaspers und seine Lehren preisen noch den Hintergrund einer überlieferten Tradition, die mehr schlecht als recht über zwei Weltkriege hinweg gewissen Worten, Bildern und Geboten noch Wert und Kraft verlieh. Ich habe Jaspers sogar einmal in einer Vorlesung über die wertvolle Substanz der Tradition sprechen hören, die von der Kirche gehütet werde. Aber wozu soll das gut sein, wenn er einerseits das Lesen der Chiffreschrift lehrt und daß man die Tradition nicht «wörtlich» nehmen soll, und andererseits weiß, daß dadurch das Leben in *einer* Tradition unmöglich wird? Er weiß, daß es unmöglich wird, sie ohne Heuchelei zu überliefern. Wie soll man sich gegen das magere, reine Tun, gegen den Blutverlust der Substanz verteidigen, der von allen Seiten droht? Und wenn schließlich die bestimmten Gebote jeder Moraltradition ihre gebieterische Strenge verlieren und zu bloßen Zeichen einer persönlichen Moral werden, wie kann man da kollektiv dem Reiz der persönlichen Unschuld widerstehen, welchen die totalitären Maschinerien anbieten?

Ich sehe wohl ein, daß die Universalgeschichte, die sich immer mehr ausbreitet, uns verpflichtet, den lokalen Rahmen zu sprengen, und daß nur ein Denken wie das von Jaspers den Durchbruch ermöglicht, der ohne Verlust unserer eigenen Tradition abgeht. Das wäre wohl der Sprung über die gesellschaftliche Kollektivität hinweg, um auf die Persönlichkeit und die gesamte Menschheit aufzutreffen, ganz nach der Vorstellung von Bergson.

Aber fände man dort Fülle oder Leere? – Weder die Leere noch die Fülle, aber eine *mögliche* Fülle. Genügt das, um eine Gesellschaft zu bewahren und zu erhalten, die wiederum sich selbst erhält? Kann man damit die täglichen Probleme der Kindererziehung lösen? Weiß man jetzt, wie die Überlieferung der traditionellen Substanz geschehen, wie man wenigstens einige Regeln, ohne die der Mensch sich selbst verliert, retten soll? Vermag die mögliche Fülle eine universale Tradition zu gründen?

Moralische Ordnung und Freiheit

Zuerst sollte man die gefährliche Zweideutigkeit der Begriffe moralische Ordnung und Freiheit hervorheben:

Moralisch: Dieses Wort ist nur auf das menschliche Verhalten anwendbar, insofern als der Mensch immer vor der Alternative Gut oder Böse steht und somit Werte im Spiel sind. Sollten die Werte – als nur einer veralteten Tradition zugehörig – verschwinden, sollten alle Verhaltensweisen gleichwertig sein, weil jedes Verhalten «sich erklären läßt», kurz, wenn einmal «alles erlaubt ist», dann hat das Wort «moralisch» keinen Sinn mehr.

Es ist immerhin zu unterstreichen, daß dieses Verwerfen der Werte selbst unweigerlich «moralisch» bleibt. Keine wissenschaftliche Erkenntnis könnte und wird uns je dazu zwingen. Es ist also nicht unschuldig und kann auch niemandem die ursprüngliche Unschuld zurückgeben. Aber das Wesen der Moral, ob man sie nun bejaht oder verwirft, bleibt zweideutig. Es kann in einem Verhalten zur Anwendung kommen, das sich nach Lehrsätzen oder bestimmten vorgeschriebenen Verboten richtet. Es kann sich aber auch auf transzendente Werte beziehen, die nur dann tatbestimmend sein können, wenn sie hic et nunc umgesetzt werden.

Im ersten Fall handelt es sich um eine statische, wenn auch historisch und soziologisch bestimmte Moral, die jedoch eine zeitlos eindeutige und eng dogmatische Forderung erhebt. Im zweiten Fall handelt es sich um eine «existentielle» Moral, die die Verfügbarkeit und die Schaffung eines freien Subjekts erfordert, das konkret in einer konkreten Situation der Weltgeschichte steht, die auch seine Geschichte ist.

Ordnung: Man wird wohl in erster Linie an die beiden Begriffe denken, zwischen denen Bergson unterscheidet, nämlich der mechanischen und der lebendigen Ordnung. Bergson stellte sich eine Hand vor, die sich in einem Haufen von Eisenspänen bewegt. Die endgültige Lage der Eisenspäne kann auf zwei verschiedene Arten erklärt werden: die eine, die mechanische Erklärung, bezieht sich nur auf Kräfte und Gewichte und kann über den Endzustand der Eisenspäne erst nach einer äußerst komplexen Analyse Rechenschaft ablegen. Die andere, die vitalistische, zieht die Handbewegung in ihrer Einfachheit und Einheit heran. In beiden Fällen integriert man einen Sachzustand (die Zerstreuung der Eisenspäne) in eine Ordnung. Aber die erste Ordnung ist leblos, die zweite dagegen lebendig, von einer zweckgerichteten Geste belebt. Übrigens geht es in beiden Fällen um ein bereits vollendetes Ergebnis; die Eisenspäne sind immer schon so oder anders gelagert, sie sind eine Ablagerung der jeweiligen Ordnung.

Ich möchte Bergsons begriffliche Unterscheidung durch eine andere ersetzen, die ihr zwar ähnelt, aber doch von ihr verschieden ist. Da gibt es zuerst eine statische Bedeutung der Ordnung (Lauf der Gestirne, Aufeinanderfolge der Generationen, die in der Wiederholung Beständigkeit und Regelmäßigkeit sichert, und sodann gibt es die dynamische Bedeutung der Ordnung, die sich auf die zusammenhängende Anordnung einer zweckbestimmten Vielheit der Mittel, also auf einen sinnbedingten Vorgang bezieht. Man könnte die erstere als Ordnung der Natur und die zweite als menschliche oder geschichtliche Ordnung bezeichnen. Nur herrscht die Naturordnung auch über die menschliche Welt der Geschichte, und trotz aller Bemühungen der Biologie läßt sich die geschichtliche Ordnung nicht aus der Evolution der Gattungen ausschalten.

Der grundsätzliche Unterschied zwischen diesen beiden Ordnungen ist, daß die Ordnung der Natur zeitlos festzustehen scheint (sie ist ja nicht einmal die Ablagerung einer Vergangenheit, selbst wenn die Phänomene, die sie erklären soll, es wären), während die geschichtliche Ordnung ihrem Wesen nach zeitlich ist, obwohl sie eine überzeitliche Beziehung impliziert, aus der sie erst ihren Sinn schöpft.

Man verwechsle nicht geschichtliche Überzeitlichkeit, wo sich jene Werte befinden, auf die alle zeitlichen Bemühungen hinstreben, mit der natürlichen Zeitlosigkeit analog der der Mathematik, obwohl sie sich bis zu einem bestimmten Grad in den Wiederholungszyklen «ausbreitet».

Freiheit: Es gibt wohl keinen vieldeutigeren Begriff als Freiheit. Manche bescheiden sich mit einer einfachen physischen Nichtbestimmung, als genügte es, den kleinen Mißerfolgen des kausalen Determinismus nachzuspüren, um die Freiheit in die so sich öffnenden Lücken hineinzuschieben. Sie interessieren sich dann für die Naturwissenschaften, nicht aber für deren Erfolge, sondern deren Mißerfolge; sie lauern darauf, um die Freiheit zu retten.

Für andere bedeutet Freiheit Willkür: Frei sein heißt, tun, was man will, wann man es will. Sie träumen von der Abschaffung aller Zwänge, sehen aber nicht, daß sie dadurch jede Möglichkeit eines Sinnes abschaffen. Da wäre der Wille nichts mehr gegenüber verpflichtet, und es bliebe nur noch die Laune einer *mens instantanea.*

Umgekehrt kann die Freiheit aber auch als die Fähigkeit, sich etwas gegenüber zu verpflichten, aufgefaßt werden, wobei sie zur Bedingung und Quelle jeglichen Sinnes wird. Weit davon entfernt, das Gesetz auszuschließen, ist sie selbst Gesetz; sie gibt sich selbst ihr Gesetz, es ist ihr gegeben, sich selbst ihr Gesetz zu geben. Dieses Geschenk der Autonomie bringt gleichzeitig auch das Geschenk des Sinns (von nun an hat der Sinn einen Sinn) und das Geschenk der Verpflichtung mit sich. Die uns geschenkte Freiheit erlaubt uns, transzendente Werte durch die Tat zur konkreten Wirklichkeit zu machen. Diese in ihrer letzten Tiefe erreichte Freiheit stimmt mit der Notwendigkeit überein, wie Spinoza gezeigt hat. In ihrer letzten Radikalität schließt sie die Wahl aus (während die Wahl in ihrer Radikalität nur der Freiheit der Gleichgültigkeit entspricht und durch sie dem physikalischen Determinismus). Sie kann nur das sein, was sie ist, und zwar unbedingt; und da trifft sie sich mit dem kategorischen Imperativ.

Unser Titel hat also nur Sinn, wenn das Wort «Ordnung» die menschliche, geschichtliche Ordnung bedeutet – wenn das Wort «moralisch» ein zeitliches, an überzeitliche Werte gebundenes Verhalten darstellt – und wenn die hier –, genannte Freiheit synonym ist mit engagierter Autonomie. So impliziert unser Titel eine Finalität, und sogar eine zwecklose und endlose Finalität; eine Finalität ohne bestimmten Zweck, denn gäbe es einen solchen, dann wäre die Ordnung nicht mehr «moralisch», sondern «technisch» – und ohne Ende, denn gäbe es ein Ende, so wäre alles, was geschieht, nur Tatsache ohne Sinn.
Hier bedarf es also einer festen und unwiderruflich finalistischen Auffassung, weil eine solche Auffassung Bedingung ist für den Sinn sowie auch für alle menschlichen Tätigkeiten, die wissenschaftliche Forschung inbegriffen.

Man würde hier vergeblich nach irgendeiner Form der «Übereinstimmung», der «Korrespondenz» oder der «Verträglichkeit» zwischen dem kausalistischen Determinismus und der Finalität suchen, indem man – wie es im Hinblick auf gewisse Probleme richtig ist – auf das Prinzip der physischen Unbestimmbarkeit, auf statistische, nur für die großen Zahlen gültige Gesetze usw. zurückgreift. Die Finalität, um die es sich hier handelt, ist anderer Natur, und sie ist viel grundsätzlicher als irgendein Denkmodell, wie immer es auch sei. Viel grundsätzlicher, weil sie als Finalität des Wahren die Vorbedingung des Urteils, der Wissenschaft, der Sprache und des Sinns ist. Keine Theorie des «Überlebens der Fähigsten» vermag über die Finalität des Wahren Rechenschaft abzulegen, denn diese neigt nicht dazu, ein Überleben zu gewährleisten und kann zuweilen den Tod herbeiführen. Ihretwegen fußt im Werk Kants – und trotz der didaktischen Ordnung der Auslegung, «die Kritik der Reinen Vernunft» auf der «Kritik der Urteilskraft» und nicht umgekehrt. Wenn nämlich Urteile möglich sind, so nicht nur, weil es Kategorien, sondern vor allem, weil es eine Anwendung der Kategorien im Dienste des Wahren gibt. Die Finalität des Wahren verwirklicht sich unendlich in der Zeit durch Urteile, die wahr sein wollen. Nur in ihr haben sie einen Sinn. Und so ist sie es, die die Wissenschaft hervorbringt, selbst wenn diese sie zu verneinen sucht.

Durch die Finalität des Wahren ist jeder wissenschaftliche Prozeß Sache einer moralisch verpflichteten Freiheit. Diese baut einen Zusammenhang auf, indem sie sich mit den zwingenden Forderungen identifiziert, die zugleich deren Bedingung sind.

Ein Biologe kann sich zwar rühmen, der größte aller Mechanisten im Labor zu sein, aber sein Wille, nur eine rein mechanische Erklärung zuzulassen, wird sich niemals durch eine mechanische Kausalität erläutern lassen, denn sonst wäre diese Erklärung eine reine Tatsache ohne Sinn. Auch Jacques Monod hat mit seiner «Teleonomie» die Finalität nicht ausgeschaltet. Wo die moderne Biologie nichts unerklärt zurücklassen will («es gibt kein Geheimnis des Lebens mehr»), gelangt sie trotz allem zu Ergebnissen, die Wunder bleiben und unreduzierbar sind. Wie läßt sich die Entwicklung zu immer komplizierteren und folglich immer zerbrechlicheren Gattungen durch «das Zusammentreffen unabhängiger kausaler Serien» erklären? Wie soll aus einem solchen «Zusammentreffen» ein Sinn, eine wissenschaftliche Theorie, ein Buch entstehen? Wie könnte ein Zusammentreffen von Ursachen jenes «Leben-Wollen» hervorbringen, das erst ermöglicht, von einer «Veränderung zum Besseren» zu sprechen? Ein Wissenschaftler sagte einmal in einem Vortrag: «Jeder Biologe fragt sich automatisch ...» Aber es fragt sich eben niemand etwas automatisch.

Es zeigt sich oft, daß die Biologie in bezug auf die Mechanistik viel konservativer ist als die Physik. Dafür gibt es eine Erklärung. Der Physiker ist weniger umstritten, in seinen Methoden sicherer und von anthropomorphischen Auslegungen weiter entfernt; er fühlt sich daher frei, seiner Vorstellungskraft und seinem Denken ihren Lauf zu lassen, ähnlich wie der Mathematiker. Die Biologen dagegen haben es mit Lebewesen zu tun, die ihnen ähnlich geartet sind –, und sei es auch nur, weil es Lebewesen sind, die geboren werden, sterben und Bedürfnisse haben. Sie wehren sich um so leidenschaftlicher gegen die animistischen Erklärungen, als sie sie nie völlig ausschalten können, und sie schwören auf ihre Treue zur Mechanistik als der Vorbedingung aller wissenschaftlichen Reinheit. Die der Mechanistik am meisten verschriebenen Wissenschaftler sind wohl jene Forscher, die sich mit den Wissenschaften um den Menschen befassen und sich bemühen, Sinn und Finalität auf deterministische Beziehungen zu reduzieren und damit die «moralische Ordnung» und die «Freiheit» zerstören, soweit sie sie nicht als schiere Heuchelei verwerfen.

Bei der Lektüre des Buches «Zufall und Notwendigkeit» von Jacques Monod staunt man über die Entdeckungen der Molekularbiologie und die Art, wie sie die Mittel einer ungeheuren Entwicklung bis ins Innerste der genetischen Mechanismen aufdeckt und erläutert. Man mag sich jedoch überlegen, ob man aus diesen Entdeckungen nicht auch etwas ganz anderes ableiten könnte, nämlich eine Theodizee. Denn könnte sich Gott vollkommenerer und ihm würdigerer Mittel bedienen als jener, die dem Menschen, der sie enträtselt, als Zufall und Notwendigkeit erscheinen?

Die Philosophie und die Frage nach Gott

Ich rede nicht gern von Gott. Ich glaube wie Gabriel Marcel, daß man in den meisten Fällen, wo man von Gott redet, gar nicht über Gott spricht. Aber mein angeborener Wachhundinstinkt treibt mich, jede Gelegenheit wahrzunehmen, um ein wenig zur Aufklärung einiger Mißverständnisse beizutragen, oder gewisse wesentliche Dinge zu retten, die mir heute bedroht erscheinen.

«Die Gottesfrage heute», das bedeutet für mich «das Problem Gottes in unserer Zeit». Der Theologe G. Widmer sieht darin «die Gottesfrage», und seine Ausführungen zielen auf die Frage ab, die ich an Gott stelle, oder die Gott an mich stellt. Daraus ergibt sich, daß im ersten Fall die Frage nach der Existenz Gottes grammatikalisch falsch gestellt ist: sie sollte in der zweiten Person stehen und heißen: «Gott, bist du?» In dieser Fragestellung tritt der bleibende Charakter des Gottesproblems klar zutage. Denn eigentlich ist es unmöglich, dieses Problem zu stellen. Entweder man spricht den Namen Gottes in seiner ganzen Fülle aus, und dann ist Gott bereits da; und infolgedessen betrifft die Frage den Sinn seiner Beziehung zu mir (die Art dieser Beziehung, wie sie zu bezeichnen sei usw.) und nicht seine Existenz. Oder aber ich stelle eine Frage, die nicht Gott, sondern jenen alten Mann mit dem weißen Bart betrifft, den der Kosmonaut Gagarin offenbar über den Wolken anzutreffen erwartete; er ist dann allerdings dort oben niemandem begegnet. In diesem Fall handelt es sich nicht um Gott. Eine solche Leugnung Gottes ist genauso tautologisch wie die ihr vorangehende Gottesbejahung. Ich glaube, daß das grundsätzliche und bleibende Gottesproblem in der Unfähigkeit des Menschen liegt, dieses Problem wirklich zu stellen: Entweder ist Gott immer schon da, bevor die Frage gestellt wird, oder er ist in der Frage gar nicht da, also nicht von ihr betroffen, oder aber der Fragende weiß gar nicht, daß Gott in der Frage da ist.

Ich habe es immer als unmöglich empfunden, die Frage nach Gott zu stellen, nicht etwa weil Gott nicht da wäre, sondern weil er so ungemein gegenwärtig ist, daß er vom ersten Wort an bereits anwesend ist. Man kann sich ihm nicht entziehen, und darin liegt wohl der eigentliche Sinn des ontologischen Beweises. Er läßt uns die Situation erforschen, in der wir uns befinden: Wenn wir tatsächlich Gott in Frage stellen, dann gibt es keine Möglichkeit mehr, ihn zu leugnen, noch ihn im menschlichen Sinn zu bejahen, denn im menschlichen Sinn würde diese Bejahung bedeuten, daß man tatsächlich diese Frage stellen konnte. Es gibt da eine konstante Größe, ein bleibendes Element, um das man nicht herumkommt: Man kann sich ihm nicht entziehen.

Ich gehe noch weiter. Es ist nicht nur der ontologische Beweis, der mich in diese Situation versetzt: Ich kann mir keinen einzigen sinnvollen Gedanken vorstellen, der nicht bereits die Dimension des Sinns als solchen enthielte. Diese Dimension findet sich nie in den Tatsachen, in der Erfahrung, und ich sehe auch nicht, wie der logische Verstand sie hervorbringen könnte. Er befindet sich in dieser Dimension, aber er bringt sie nicht hervor. So sehr, daß ich fast sagen möchte, ich denke und überlege eigentlich nur in Gott. Deshalb kann ich das «Problem» Gottes gar nicht stellen. Der Erkenntnisakt, der Wortsinn von «erkennen», beinhaltet von vornherein diesen Horizont. Und so verbinde ich den Gottesbegriff nicht in erster Linie mit Barmherzigkeit und Liebe, sondern mit der Wahrheit. Wenn Gott die Worte «ich bin die Wahrheit» in den Mund gelegt werden, so scheint mir das so fraglos richtig, daß jede weitere Auslegung dürftig wirkt. Jede zusätzliche Erklärung müßte auf etwas anderes zurückgreifen, das nun den eigentlichen Sinn der in diesen Worten enthaltenen Wahrheit in Frage stellen würde. Und das kann nicht geschehen.

Man wird mir vorhalten, ich redete hier ausschließlich vom Gott der Philosophen. Mein Lehrer Karl Jaspers sprach von einem philosophischen Glauben, und ich folge dieser Auffassung. Ich sehe nicht ein, wie man die Existenz Gottes beweisen könnte, wenn der Sinnhorizont, der in Gott begründet ist, in jedem Beweis schon enthalten ist. Das heißt, daß man es hier mit etwas zu tun hat, das zugleich unmöglich und unvermeidlich ist: Unmöglich, denn man kann Gott nicht sozusagen auf Gott zurückführen, um über Gott nachzudenken; und unvermeidlich, weil ich mir keine mögliche Sinngebung ohne Gott vorstellen kann. Ein Psychologe könnte mir entgegenhalten, daß sich unser Sinn für Evidenz, Gewißheit, Beweisführung, Wahrheit, Beurteilungskriterien usw. erst nach und nach durch unsere Beziehungen zur Umwelt entwickelt, und im Lichte der täglichen Erfahrungen hätte er gewiß recht. Aber das ändert nichts an dem, was ich gesagt habe, denn ich spreche von einer anderen Ebene aus. Ich behaupte ja nicht, daß Gott dem Menschen bei seiner Geburt gewissermaßen als struktureller Bestandteil seines Geistes mitgegeben werde. Vielmehr sage ich, daß Gott, in dem Maße, in dem sich der menschliche Geist betätigt, in dem er lebt und denkt, immer schon da ist.

Man wird einwenden, ich halte mich an die reine Vernunftgemäßheit. Aber ich glaube nicht an die reine Vernunftgemäßheit der Vernunft. Da fühle ich mich Spinoza sehr nahe: Vernunft ist die Liebe zur Wahrheit. In der Vernunft liegt eine Bereitschaft des Subjekts in seiner Gesamtheit, den Bedingungen der Gewißheit zuzustimmen. Wenn ich die Klarheit liebe, die ich als Vorbedingung jeder vertieften Erkenntnis betrachte, dann deshalb, weil ich die Liebe zur Klarheit als eine Vorbedingung der Liebe zur Wahrheit ansehe, und weil ich glaube, daß die beiden zusammengehören: Die intellektuelle Liebe zu Gott. Eine Verstandesfähigkeit, die nicht durch die Liebe zum Wahren erhellt wäre, könnte nichts ausrichten, sie wäre wie eine Maschine, die ohne jeden Sinn funktioniert, und sie könnte folglich nie zur Erkenntnis des Wahren vorstoßen. Obwohl ich mich also zu Beginn auf rein intellektuellen Boden begeben habe, gelange auch ich zur Liebe, und ich gelange auch gewissermaßen zum Glauben, denn die Vernunftgemäßheit fordert, daß man an dem festhält, was man sucht und an den Bedingungen, die es erlauben zu finden, was man sucht. Im Denkvermögen liegt ein Akt des Vertrauens in die Reichweite dieser Kraft, die ihrerseits nicht beweisbar ist. Dies ist der von Descartes vollzogene Teufelskreis: Er gründet die Gültigkeit der klaren und deutlichen Ideen auf die göttliche Wahrhaftigkeit, aber er hat die Gewißheit der göttlichen Wahrhaftigkeit über die klaren und deutlichen Ideen erlangt. Dieser Kreis drückt im Grunde genommen – und das möchte ich in aller Ehrlichkeit bezeugen – gerade durch seine Kreisstruktur das aus, was ich eben gesagt habe.

Ich weiß, daß diese Feststellungen sehr «unzeitgemäß» sind. Ich habe bisher weder vom «Nächsten», noch von der «Gesellschaft» oder von der «Geschichte» gesprochen. Gewiß, auch ich bin überzeugt, daß Individuum und Gesellschaft in einer ständigen Wechselwirkung stehen und daß es ohne einen gemeinsamen Glauben an die Möglichkeit der Aussprache weder Gesellschaft noch Individuum geben kann. Und deshalb sprechen alle Menschen, deshalb sprechen sie in unzähligen Sprachen und haben die Möglichkeit, die Sprachen der anderen zu erlernen: Sie glauben an den Sinn des Sagens. An einen Sinn des Sagens zu glauben, heißt, sich diesseits und jenseits aller Erfahrung und aller Vernunftgemäßheit zu stellen, in etwas, das ich Gott nennen könnte, denn es scheint mir diesen Namen zu verdienen.

Stellen wir nun auf diesem Hintergrund die Frage nach unseren besonderen Glaubensformen. Ich habe mich oft einer Formulierung bedient, die ich hier wiederholen möchte: Ich finde, daß die Menschen sehr oft nicht das glauben, was sie zu glauben glauben. Und ich finde, daß es außerordentlich schwierig ist, zu wissen, an was man glaubt. Was bedeutet schon das «Ja» der Gläubigen und das «Nein» der Atheisten? Wenn ich sage, «ich glaube», an was glaube ich dann? Wenn ich sage, ich glaube an Gott, was verstehe ich da unter Gott? Und was verstehe ich unter jener Existenz, die ich Gott verleihe oder ihm zubillige? Theologen und Philosophen bemühen sich seit jeher, eine Antwort auf diese Frage zu finden. Und ich meine, daß die Menschen gut daran täten, Gott das Zählen der Seinigen zu überlassen.

Simone Weil hat einmal gesagt, man müsse sich Gott zugleich als persönlich und als unpersönlich vorstellen, sonst wäre er nicht Gott. Damit ist eigentlich gesagt, daß man sich Gott nicht vorstellen kann, denn man kann sich nicht zugleich das Persönliche und das Unpersönliche vorstellen. An dieser Formulierung scheitert unser Vorstellungsvermögen. Sie macht es mir unmöglich, mich bequem im göttlichen Licht der Vernunft zu sonnen, aber sie zwingt mich auch nicht, es zu leugnen. Sie hindert uns, Gott allein als Person, als Freiheit zu sehen. Hier komme ich noch einmal auf Spinoza zurück: Zwischen Freiheit und Notwendigkeit darf es in Gott keinen Unterschied geben. Ich weiß wohl, daß ich damit etwas mir Unverständliches sage. Es gibt jedoch Formeln und Sätze, die man ausspricht, ohne sie zu verstehen, und die doch einen Sinn haben: eine «Bedeutung», insofern man in eine bestimmte Richtung «denkt».

Vor einiger Zeit las ich ein Buch von Werner Heisenberg, in dem er Gespräche mit Niels Bohr und Wolfgang Pauli wiedergibt: Sie werden sich alle drei darüber einig, daß es nichts Dümmeres gäbe, als die Welt in zwei Bereiche aufzuteilen, in jenen, von dem man in klaren Begriffen reden kann, und einen anderen, von dem man am besten gar nicht spricht. Bei genauer Betrachtung – so meinten sie – sei das, wovon man in klaren Begriffen reden könne, wenig bedeutend. Eine überspitzte Forderung nach Klarheit beschränkt das, wovon man reden kann, auf einige wenig interessante Binsenwahrheiten. So scheint es mir wohl vertretbar, Formulierungen zu gebrauchen, die, ohne klar verständlich zu sein, eine «Bedeutung» enthalten.

Es bleibt die Frage, was das Gottesproblem heute im besonderen kennzeichnet. Charakteristisch an der heutigen Situation scheint mir die verbreitete Neigung, scharf zu trennen zwischen einer Sprache von klarer, ausgeprägter Begrifflichkeit, die man als einzig legitim ansieht, und einer «transzendierenden» Sprache, die zum Schweigen verurteilt ist. Dem entspricht die Tendenz, den Menschen in zwei Teile zu spalten: Einerseits den vernunftbegabten, «objektiven» Menschen und anderseits die kämpferische, handelnde Persönlichkeit, das biologisch und geschichtlich bedingte Wesen, das nach Nahrung und Wohlbefinden lechzt. Diese Spaltung ist gefährlich, weil wir damit die Ebene verlassen haben, auf der sich das Gottesproblem stellte und wo es eine Sprache gab, es zu stellen. Ich meine damit die Symbolsprache, in der das Symbol genauso real ist wie die «Dinge». Ich weigere mich also, dem Wort «real» nur jene Bedeutung zu geben, das es für die Wissenschaft hat. Übrigens sind sich die wirklich großen Physiker durchaus bewußt, daß jede Wissenschaft selbst eine Symbolsprache ist. Es gibt nun einmal verschiedene Wirklichkeiten, und von «symbolischer Wirklichkeit» zu reden, heißt nicht, entrealisieren oder entmythologisieren. Es gibt die geschichtliche Wirklichkeit, die rein naturwissenschaftliche Wirklichkeit, die religiöse Wirklichkeit, die geistige Wirklichkeit. Die völlige Losspaltung des Religiösen erscheint für das Gottesproblem gefährlich, und unter gefährlich verstehe ich alles, was abschirmt und die Forschung zum Stillstand bringt. Es ist gefährlich, das Religiöse völlig zu isolieren, es außerhalb des aktiven Lebens anzusiedeln, und es ist ebenso gefährlich, es ganz in den tatsächlichen Gegebenheiten der empirischen Wirklichkeit aufgehen zu lassen.

Ich möchte dies an einem Beispiel beleuchten, das nicht zufällig gewählt, sondern durchaus zeitnah und aktuell ist: das Verhältnis von Politik und Glauben. Ich habe in einem Buch gelesen, das einen atheistischen Glauben an Gott zu formulieren vorgibt, an einen Gott, der tot ist. Das Religiöse ist dort ganz auf die menschliche Solidarität reduziert, auf jene Ebene, auf der sich das gemeinsame Geschick der Menschen in der Geschichte vollzieht. Als ob die geschichtliche Dimension sich selbst genügte! Eine solche Auffassung scheint mir wenig durchdacht. Betrachtet man die Dinge genauer, so stellt man fest, daß der Sinn der Geschichte – falls die Geschichte einen Sinn für die Menschen haben soll – sich nicht in der Abfolge von Ereignissen erschöpfen kann. Ebensowenig läßt sich der Mensch, für den die Geschichte einen Sinn haben soll, auf jenes empirische Einzelwesen zurückführen, dem man in dieser Geschichte begegnet. Die Geschichte der Menschheit findet erst dann ihren Sinn, wenn der Mensch ebenjenes Wesen ist, von dem ich zu Anfang gesprochen habe. Und damit komme ich auf den Begriff Freiheit, über die ich fast nichts gesagt habe, und die doch Vorbedingung jeglicher Wahrheit ist. Denn die Wahrheit hat für den keinen Sinn, der nicht die Freiheit besitzt, sie dem Irrtum oder der Lüge vorzuziehen. Es ist deshalb Widerspruch, die Freiheit im Namen der Wahrheit verneinen zu wollen.

Ich glaube, etwas, das man als religiöse Dimension bezeichnen könnte, ist auch in jeder wirklichen politischen Auseinandersetzung enthalten, und zwar gleichermaßen für alle Beteiligten, einschließlich der Atheisten. Sie erst verleiht dem politischen Kampf das absolute Engagement. Andererseits wäre der Kampf der Menschen wahrhaftig fürchterlich – nicht wegen seiner Folgen und der Gefahr der Vernichtung der Menschheit (das ist ein anderes Kapitel), sondern wegen seiner Natur – wenn es über den Kampf hinaus nicht eine religiöse Dimension gäbe, in der der Gegner noch irgendwo ein Bruder bleibt. Das setzt allerdings voraus, daß der Mensch nicht voll und ganz in seinem Kampfe aufgeht und daß das Religiöse über den Kampf hinaus bestehenbleibt. Geht es verloren, so ist alles verloren.

Ich möchte noch einen Punkt hinzufügen: Der allgemein ökumenische Wille nach Einheit einerseits und die Ausschließlichkeit, ohne die die Menschen innerhalb eines bestimmten Glaubens ihre Beziehung zu Gott nicht festlegen können, andererseits, stellen ein Problem dar. Die Forderung nach Ausschließlichkeit gehört wohl zur Natur einer jeden Religion. Man muß dabei berücksichtigen, daß kein Wesen für uns wirklich existiert, solange es nicht seine Besonderheit entwickelt. Es gehört zu unserem Denken, daß wir auf Besonderheit nicht verzichten können, wenn wir etwas klären oder in Wirklichkeit umsetzen wollen. Das ist meiner Ansicht nach der Grund, weshalb die Religionen immer ihren Partikularismus behauptet haben. Und der religiöse Partikularismus ist im religiösen Sinn um so wertvoller (ich wage mich hier ziemlich weit vor), je partikularistischer er ist und je mehr er uns immer mehr aus seinem Partikularismus heraustreibt. So hat der Ausschließlichkeitsanspruch der Religionen seinen tiefen Sinn. Ich, die ich keiner Kirche angehöre, zittere heute für die Kirchen. Und vielen Zeitgenossen, die außerhalb der Kirchen geblieben sind, geht es genauso. Nur: die Gläubigen scheinen um die Zukunft der Kirchen nicht zu bangen, wohl in der Erwartung, daß Gott ihnen beistehen würde. Vielleicht sind sie sich auch weniger bewußt, welche Gefahren in der Aufgabe des Ausschließlichkeitsanspruches liegen. Dieser Ausschließlichkeitsanspruch ist für den Menschen ein Element der Konsistenz, der Seinskonsistenz. Er muß nicht notwendigerweise zu Fanatismus und Krieg führen. Ich habe nie begriffen, warum man es skandalös findet, daß es verschiedene christliche Kirchen gibt. Ich finde es schändlich, wenn sie einander hassen und sich bekämpfen, aber ich finde es durchaus nicht schändlich, wenn sie aufeinander hören. Und ich sehe auch nicht ein, weshalb überall gleiche Glaubensmeinungen herrschen sollten, da Gott ja persönlich und unpersönlich zugleich, also transzendent ist. Es scheint mir im Gegenteil normal, daß es nicht so ist, und diese Verschiedenheit kann ein Reichtum sein. In dieser Beziehung spiegelt wohl die damalige, scheinbar so paradoxe Polemik zwischen Jaspers und Bultmann, in der der Theologe für die Entmythologisierung und der Philosoph für die Wörtlichkeit der religiösen Offenbarung plädierte, sehr tiefe Wahrheiten wider.

Über den Sinn der Geschichte

Ich spreche nicht ohne Bedenken über dieses Thema. Aber warum eigentlich? Weil ich, je mehr ich über den Sinn der Geschichte nachdenke, immer weniger begreife, welche Bedeutung man ihm zumißt.

Bekommt die Geschichte schon dadurch einen Sinn, daß man in ihr eine Orientierung oder eine festgelegte Richtung zu erkennen glaubt? Oder umgekehrt: ist es möglich, daß die Geschichte auch ohne jede Richtung sinnvoll wäre?

Diese Frage ist dann leicht zu beantworten, wenn man sich die Zeit eindimensional wie eine Gerade vorstellt. Geschichte wäre dann die Entwicklung entlang dieser Geraden, die aus der Vergangenheit in die Zukunft führt, und der Zusammenhang der einzelnen Ereignisse, sofern es ihn überhaupt gibt, bestünde in deren Kontinuität und Überschaubarkeit. Die Vorstellung, daß sich Geschichte in einer Richtung abspiele, von der nicht abgewichen wird, schließt noch nicht notwendigerweise einen Sinn ein; aber diese Vorstellung ist eine Bedingung für die Sinnfrage.

Damit nun die Kontinuität zugleich einen Sinn bekomme, müssen wir eine lineare Finalität mitdenken. Nur so bilden die sich folgenden Ereignisse der Geschichte nicht einfach eine zusammenhängende Reihe, Schritte in irgendeiner Richtung, sondern Fortschritte in einer bestimmten Richtung. Diese Richtung muß durch ein mögliches Ziel bestimmt sein, das auf der gleichen Linie liegt, den geschichtlichen Prozeß erst bewirkt und ihm auch einen Wert gibt. (Was den Prozeß des Weltgeschehens ursprünglich in Gang gebracht hat, d. h. das, was man die erste Ursache nennt, lassen wir hier beiseite.)

Wir nennen diese Finalität die eschatologische Perspektive der Geschichte.

Es gibt zwei Möglichkeiten, das Ziel der Geschichte aufzufassen: Entweder befindet sich das Ziel innerhalb der Zeit, d. h. an einem bestimmten Punkt der Zeitlinie, der entlang sich die Geschichte abspielt. Oder dann ist das Ziel seinem Wesen nach immer nur möglich, d. h. es ist selbst der Zukunft immer entrückt und weicht ständig, bis ins Unendliche.

Im ersten Fall kann der Ausgang vorausgesehen werden. Der Gang der Geschichte bekommt einen Wert vom Ende her; jedes geschichtliche Ereignis hat seinen Sinn im Hinblick auf den Ausgang des Ganzen: Das Weltgeschehen ist hier zu Ende und zugleich am Ziel, dieses ist damit Grundlage aller Sinngebung. Nach dieser einfachen Auffassung vom Sinn der Geschichte wäre das eindimensionale Geschehen so sicher beherrscht, daß es der Realität und damit der wirklichen Geschichte widerspräche. Der Ablauf allen Geschehens würde keiner besonderen Beachtung und keiner Anstrengung mehr bedürfen: Vor lauter Sinn hätte die Geschichte keinen Sinn mehr. Das ganze Geschehen wäre eine einzige Tatsache, auch wenn es komplex wäre. In dieser Faktizität verlöre die Zeit ihre Bedeutung, so daß es keine wirkliche Zeit mehr gäbe.

Wie aber sieht das Ziel im zweiten Falle aus, wenn es auch auf der zeitlichen Linie liegen soll, seinem Wesen nach aber als nur möglich angenommen wird?

Gewiß, als Phantasiegebilde wird es auf jeden Moment der Geschichte einwirken, aber es hat keine Zukunft, weil es Illusion bleibt. In Wahrheit handelt es sich um eine variable Vorstellung, geboren aus der momentanen Situation. Kann es als solches den Zusammenhang und den Sinn aller Momente gewährleisten? Die Abfolge der geschichtlichen Ereignisse bleibt ohne Bedeutung, selbst wenn Anzeichen von Sinn vorhanden sind. Anzeichen von Sinn genügen nicht, um aus der bloßen Abfolge eine Geschichte zu machen. Was ich gesagt habe, ist bekannt: Heute weiß jeder, daß sich Geschichte weder mit den Kategorien der klassischen Logik noch mit den Kantischen Urteilen a priori verstehen läßt. Entweder ist Geschichte dialektisch, oder dann gibt es sie nicht.

Nehmen wir die Dialektik zu Hilfe, um das Dilemma aufzulösen.

Wir verwenden das Wort «dialektisch» in einem sehr strengen Sinn und vermeiden die modische Allerweltsbedeutung, die für alles herhalten muß. Wir benützen das Wort nur, um das Verhältnis zweier sich radikal widersprechenden Sachverhalte oder Begriffe darzustellen, wobei die Pole sich nicht nur widersprechen, sondern auch verbunden sein müssen, so daß sie einander unentbehrlich sind. So war für Hegel die Zukunft dialektisch, weil sie notwendig seiend und nicht-seiend ist, und zwar zugleich.

Wendet man das Wort auf die Geschichte an, so heißen wir sie dialektisch, weil sie zugleich Unendlichkeit und Ende einschließt; weil sie ein Ziel und damit ein Ende fordert und dieses zugleich ausschließt; weil sie ohne Sinn keine Geschichte mehr wäre, aber zugleich den Sinn nicht in die Zeit aufnehmen kann. Geschichte bewegt sich zwischen den beiden einander unentbehrlichen Polen Sinn und Verweigerung des Sinns. Man könnte übrigens leicht zeigen, daß die Dialektik der einzig angemessene Ausdruck für menschliche Widersprüche ist.

Nun zeigt sich aber, daß gerade die so verstandene Dialektik sich selbst nicht akzeptieren kann: So wie die einander unentbehrlichen Gegensätze einander nicht in Ruhe lassen können, so sucht auch die Dialektik ihren Widerspruch, weil sie nicht in sich selbst ruhen kann. Wenn Hegel uns lehrt, daß das Werden als eine Synthese des Seienden und des Nicht-Seienden zu verstehen sei, so ist diese Behauptung vom rein logischen Standpunkt aus gesehen Unsinn, da sie den Satz vom Widerspruch verletzt. «Sheer nonsense», so urteilten angelsächsische Logiker, und damit war das Problem für sie erledigt. Es ist unmöglich, die Behauptung Hegels logisch zu formularisieren, aber wenn man ihr irgendeinen Sinn zugestehen kann, so kommt man über die Formulierung hinaus zu den elementaren Bedingungen des logischen Denkens selbst, nämlich zum Denken, das nicht gedacht wird. Es ist ein Kennzeichen des notwendigen Widerspruchs, daß sich die Synthese der Dialektik nicht auf der Geraden befindet, wo sie die Widersprüche hinterlassen hat.

Der Begriff des «Werdens», sofern er die widersprüchlichen Begriffe «Sein» und «Nicht-Sein» hat versöhnen können, brachte dies nur dadurch zustande, daß ihm eine neue Dimension erwuchs, die jenseits des logischen Widerspruchs von Sein und Nicht-Sein zu finden ist, d. h. dort, wo ein Subjekt ursprünglich *aktiv* wird.

Dialektik ist ohne die unreine Überschneidung von Theorie und Praxis, ohne das Eindringen der Praxis in das Herz der reinen Theorie nicht denkbar.

Was hier geschieht, dieses Tun, beeinflußt die lineare Zeit auf ganz neue Art und Weise. Ob wir nun diese Gerade der Zeit eschatologisch begrenzt, d. h. mit einem Weltende denken, oder ob wir sie uns bis ins Unendliche weiterlaufend vorstellen, so linear gedacht, ist sinnvolle dialektische Praxis nicht möglich, da ihr dazu die unentbehrlichen Dimensionen fehlen. Entlang einer endlichen Linie würden die Taten in den bloßen Fakten ersticken. Entlang einer unendlichen Linie würden sie sich in den unzusammenhängenden Momenten verlieren. Eine Aktion ist nur dann wirkliche Aktion, wenn sie einen Sinn hat. Aber welches sind nun die Dimensionen, ohne die eine Handlung sinnlos ist?

Zweifellos brauchen wir die lineare Dimension der Zeit, über die wir oben schon gesprochen haben. Wollen wir aber den Sinn der Geschehnisse und damit die Aktion nicht preisgeben, dürfen wir die Zeitlinie nicht auf eine bloße Abfolge reduzieren, so wie wir etwa die geometrische Linie einfach als eine Reihe von Punkten verstehen. Die einzelnen Punkte einer Linie sollen im Zusammenhang einer Handlung gesehen werden, so daß die Linie selbst eine Vielfalt von Strukturen bekommt, die zugleich einzigartig und aufeinander bezogen sind. Die Aktion bildet eine Art von Knoten, dem das Vorangegangene und das aus ihm Folgende zugleich widersprechen und zustimmen. Die Vorläufer einer Handlung sind deren Bedingungen und Mittel, während die späteren Aktionen deren Folgen und Ziele sind.

Diese Art der Einheit, ohne die wir nicht von eigentlichen Handlungen sprechen können, ist erst eine Vorbedingung für die Sinnfrage. Ich möchte mich von nun an nur noch auf einen wesentlichen Zug beschränken: Es handelt sich um eine Einheit, die die einzelnen Momente der Zeit ordnet und so eine Totalität en miniature formt. Gewiß ist jede Handlung in ein Netz von Gegebenheiten und in den Zusammenhang mit anderen Handlungen gestellt. Aber je stärker eine Handlung wirklich eine solche ist, um so mehr ist sie auch einzigartig, abgesondert von anderen Aktionen, als hätte sie ihre eigene Zeittotalität geschaffen, als genügte sie sich selbst.

Besteht nun darin ihr Sinn? Ist der Sinn in der Handlung selbst oder außerhalb ihr?

Wir haben schon gesagt, daß sich der Ursprung des Sinns, verstanden als am äußersten Ende der Zukunft gelegen, sich in der Faktizität selbst erschöpft, wenn jenes Ende selbst als noch zeitlich aufgefaßt wird. Wir sagten auch, daß das Ziel seine wirkliche Zukunft verlöre, wenn es ins Unendliche, in die ewig zukünftige Zukunft hinausgeschoben würde. Diese ewig zukünftige Zukunft wird eigentlich zur imaginären Gegenwart, die mit ihrer immer aktuellen Wirksamkeit jeden Augenblick der Zeit begleitet. Auf die Frage, ob der Sinn einer Aktion in ihr selbst oder außerhalb ihrer zu suchen sei, müssen wir antworten: sowohl als auch. Der Sinn ist in ihr, weil eine wirkliche Handlung eine eigene Totalität schafft, deren unmittelbaren Ziele ihr einen Sinn geben. Der Sinn ist insofern außerhalb der Handlung, als die unmittelbaren Ziele nur dadurch Ursprung des Sinns sein können, daß sie ihren Wert von anderswoher haben.

Wo aber befindet sich dieses «anderswo»?

In dieser Frage offenbart sich der seinem Wesen nach dialektische Charakter des Sinns. Man vermutet dies «anderswo» zuerst am äußersten Ende der zeitlichen Zukunftslinie, weil der Wert der unmittelbaren Ziele einer Handlung an einem großen Plan gemessen wird, der einen bestimmten Ausgang allen Geschehens anstrebt. So kann man also mit Recht sagen, daß die Totalität eine Bedingung von Sinn sei. Aber die Totalität ist zugleich der Tod des Sinns, weil sie im Tatbestand erstickt, selbst im zukünftigen.

Wenn alles einfach *ist*, und sei es zukünftig, dann hat das Sein keinen Sinn mehr, denn es ist selbst der Sinn. Dieses Zusammenfallen von Sein und Sinn, das immer wieder den menschlichen Geist beschäftigt, bleibt trotzdem undenkbar, weil es Zeitlichkeit und Geschichtlichkeit zerstört. Dieses Zusammenfallen kann den Wert eines religiösen Paradoxes annehmen, zu einer Chiffre für das Göttliche oder für die Transzendenz werden, niemals aber dialektisch sein, weil ohne reale Zeit die Gegensätze nicht wirken können.

Eine Zeitlichkeit, die als Totalität gegeben wäre, würde sich selbst verleugnen, und nichts könnte sie retten.

Deshalb verlangt der Sinn zugleich Zeitlichkeit und Totalität, die sich aber gegenseitig ausschließen.

Es kann sich also in der Geschichte nur um eine regulative, nicht um eine konstitutive Totalität handeln, um eine Totalität also, die, obschon der Unendlichkeit zugehörend, immer aktuell ist und die ihre Phantasiegestalt durch Wirksamkeit kompensiert oder gar negiert. Aber handelt es sich hier tatsächlich um die Wirksamkeit eines Phantasiegebildes?

Das «anderswo», als Ursprung des Sinns in die immer zukünftige Zukunft projiziert, wirkt sich «hic et nunc» aus. Das Unendliche der Zukunft wäre also in jedem Augenblick gegenwärtig. Es befindet sich trotz seiner illusorischen Gestalt nicht auf der Geraden der Zeit, sondern in einer andern Dimension, wo sich das an sich Undenkbare vollzieht, nämlich die Übereinstimmung dessen, was geschieht, mit dem, was nicht geschieht. Diese Dimension ist das «anderswo» des ewig Dauernden.

Darum kann die Geschichte als ein rein dialektisches Werden in der Zeit nicht mit der Vernunft erfaßt werden, weil diesem Werden der Sinn fehlt.

Die historische Dialektik erfordert eine Dialektik der Dialektik, um verständlich zu sein, d. h. den Einbezug des ewig Dauernden.

Hegel hatte dies erkannt, denn er stützte die Zeit auf die Ewigkeit. Eine Dialektik, die sich auch sich selbst gegenüber nicht dialektisch verhält, die im Widerspruch der Begriffe stehenbleibt, ist ohne Leben und zudem schlechthin undenkbar. Die Dialektik der Geschichte erfordert die dialektische Beziehung auf ihre Antithese, auf das Dauernde. Hier wird der Widerspruch selbst dialektisch, denn die beiden Antithesen bedingen einander in einem unendlichen Prozeß, wobei die Unendlichkeit des Prozesses nicht als ein Sieg des Werdens über das Unbewegliche aufgefaßt werden darf, sondern als die nie endende und immer unvollkommene Wechselbeziehung zwischen den beiden Polen. Was wir Geschichte nennen, ist ein zeitlicher und zugleich unzeitlicher Prozeß, dessen Abfolge auch Gleichzeitigkeit ist, je nach den Dimensionen, die sich darin überschneiden, und nur diese Überschneidung nennen wir Geschichte. Das Herz der Geschichte, der lebendige Ursprung ihres Sinns, ist nicht und kann nicht der letzte Augenblick der Zeit sein; es ist das «Jetzt». Aber dieses Jetzt lebt nur durch seine Beziehung zum allerletzten Augenblick der Zeit, der durch diese Beziehung in der Gegenwart wirkt. Dadurch zeigt sich ein Sinn längs des Zeitgeschehens, ein unentbehrlicher, unvollendeter, immer nur Bruchstück bleibender Sinn. Und trotzdem kann es sich nur dann um einen echten Sinn handeln, wenn er eine Totalität einschließt, einen Sinn, dessen Ordnung aktuell ist und zugleich von anderswoher kommt und dessen Phantasiebild als ein in die Unendlichkeit projiziertes und darum nie zu vollendendes Bild ist, das sowohl Illusion als auch Zeichen der Notwendigkeit ist.

Hegel nannte es «ewiges Itzt». Dieses ewige Jetzt, auch der Zukunft immer zukünftig, ist paradoxerweise gerade auf diese Weise wirksam, aktuell und wirklich.

Hegel scheint das grundlegende Wunder der «ewigen Gegenwart» nicht erkannt zu haben, weshalb man in seiner großartigen Philosophie der klaren Kantischen Askese wieder einen Platz geben muß.

Eros war bei Plato der Sohn von Reichtum *und* Armut; bei Hegels Eros hebt der Reichtumsteil, wenigstens der Möglichkeit nach, den minderwertigen oder entbehrlichen Teil auf. Dieser Teil scheint nun nebensächlich, zufällig zu sein, und seine Aufhebung ist nur eine Frage der Zeit. Aber die Zeit ist für die geschichtliche Wirklichkeit nicht zufällig, sondern wesentlich, und zwar auch im Unfertigen, das sie mit sich trägt; Zeit ist wesentlich nicht nur für das oft übertrieben gebrauchte «Ganze der Geschichte», sondern auch wesentlich für den Sinn und die Art ihrer Momente. Deshalb ist die Kantische Idee hier adäquater als die Hegelsche Synthese, weil diese die Geschichte so unwirklich macht, daß die Zeit ebenfalls unwirklich wird. Paradoxerweise hat der Abstieg der Hegelschen Theorie in den Marxismus dies nur bestätigt. Die Marxisten glaubten oft, daß die antihistorische Tendenz Hegels durch dessen übertriebenen Gebrauch der Ewigkeit bedingt sei – schuld wäre also sein «ewiges Itzt». Ich kann das nicht glauben, im Gegenteil: das scheinbare Verschwinden der Geschichte ist bei Hegel eschatologisch, weil er den ewigen Augenblick einem zeitlichen Ende geopfert hat.

Das ist ein Fehler, der sich nicht entschuldigen läßt. Er besteht eigentlich darin, daß sich die Dialektik nicht dialektisch, sondern festgelegt (fixiste) verwirklicht. In die absolute Totalität gehoben, verliert Dialektik ihre Spitze gegen sich selbst und damit das Zeichen, das so ausgezeichnet für alle menschlichen Widersprüche steht. Verstrickt in die Totalität, verliert die Dialektik zugleich ihre Beziehung zur Ewigkeit und zur wesentlichen Wirklichkeit der Zeit. Eschatologisch gekrönt, verliert menschliche Geschichte ihren Sinn, weil ihr das Unendliche und die Ewigkeit fehlen.

Fassen wir zusammen: damit die Geschichte wirklich eine solche ist, muß sie einen Sinn haben, der nur durch die Blickrichtung auf eine Ganzheit hin möglich ist. Sie muß sich so in der Zeit abspielen, daß ihr Ende sie als Ganzes zerstören würde. Totalität, von der Geschichte her gesehen, ist eine Idee, die sich punktweise zeigt, hier allerdings so, als hielte die Idee die Zeit an.

Insofern als diese Idee der Totalität als Ursprung des Sinns in jedem Moment der Geschichte wirkt, ist sie immer gegenwärtig, allem Geschehen gleichzeitig, damit jenseits der Zeit wie die Ewigkeit.

Die Dialektik, Ausdruck sowohl menschlicher Widersprüche als auch der Zeit und der Geschichte, verlangt, daß man sie überschreite, nämlich zur Dialektik der Dialektik, zur Dauer, ohne die es keinen Sinn gibt, weil ohne sie weder Dialektik noch Geschichte möglich ist. Menschliche Geschichte könnte zwar eines Tages enden. Unser Planet könnte durch extreme Kälte oder Hitze unbewohnbar werden. Diese Art Weltende wäre physikalisch durchaus möglich, aber historisch gesehen ohne Bedeutung. Es hätte überhaupt keine Beziehung zum Wesen der Geschichte, zu deren inneren Strukturen, zu ihrem Sinn. Solch ein Ende wäre auch nicht eschatologisch. Es zerrisse auch nicht die Dauer des ewigen Augenblicks.

Damit es Geschichte gibt, scheint sie eines unerreichbaren Paradieses zu bedürfen, das in ihren täglichen Bewegungen wirksam ist. Damit will ich nicht sagen, daß sie ein Paradies nötig hätte, das nie zu erreichen wäre; Geschichte hat die Unerreichbarkeit selbst nötig. Dank dieser werden alle die «kleinen Totalitäten» der Taten auf dem Gang des Weltgeschehens durch die Totalität nicht erdrückt, weil diese ihr Gewicht durch den Enderfolg bekommt. Geschichte ist an die Zeit gekettet, weil sie dem Phantasiegebilde eines Weltendes zuschreitet. Gleichzeitig ist sie durch ihre Einzigartigkeit abgesondert, weil sie auch und direkt an den Ursprung des übergeschichtlichen Sinns gebunden ist, dessen zukünftiges Phantasiegebilde nichts als die notwendige Verkleidung für die zeitliche Blickrichtung ist.

Wir können nun versuchen, die zwei eingangs gestellten Fragen zu beantworten. Wir fragten uns, ob die eindeutige Richtung genüge, damit Geschichte einen Sinn habe. Wir fragten auch, ob ohne diese eingehaltene Richtung Geschichte schon sinnlos wäre. Die Antwort ist nicht einfach zu geben. Nach dem, was wir bis jetzt gesagt haben, ist es klar, daß die eingehaltene Richtung, nämlich die sichtbare Spur eines zusammenhängenden Prozesses, Chaos und Zufall ausschließt, aber nicht notwendigerweise einen Sinn einschließt. Es ist auch klar, daß man den «kleinen Totalitäten» der Taten eine übergeschichtliche Bedeutung zumessen kann, und zwar selbst dann, wenn sie nicht gelingen und nicht direkt mit der eigentlichen Finalität zusammenhängen. Aber weder die eingehaltene Richtung noch die unzusammenhängende Bedeutung der einzelnen Taten, die als einzigartig betrachtet werden, konstituieren schon die Geschichte. Diese verlangt einen Sinnzusammenhang, also die Gleichzeitigkeit eines Endziels mit den Fakten und zugleich die Berufung auf die Dialektik der Dialektik, d. h. auf die überzeitliche Dauer, die den Kompromiß eines Sinns rettet, indem sie ihn unendlich ins Unendliche verweist.

Karl Barth sagte, man müsse die Bibel und die Zeitung lesen. Die Bibel könnte den transzendenten aber realen Ursprung des Sinns und damit der Werte symbolisieren. In ihrer Unzeitlichkeit und Unabhängigkeit von Kontinuität und Enderfolg gibt sie jeder «kleinen Totalität» auf der Ebene der einzelnen Handlung ihr Gewicht.

Genauso projiziert der Ursprung des Sinns ein wirksames Phantasiebild in die Zukunft, ein zeitliches Ende der Geschichte darstellend. Die Zeitung wäre der Ort auf der Zeitgeraden, wo man die Unverständlichkeit des Geschehens zu enträtseln versucht, indem man es zwischen bloße Fakten und Gegebenheiten auf der einen Seite und Zielstrebigkeit und Entscheidung auf der andern Seite stellt. Die Seite der Finalität ist allerdings nur eine kleine Totalität, zwar real, aber so flüchtig, daß sie der kleinste Windstoß wegfegt.

Dieser kleinen Totalisation, wie schwach sie auch sei, ist es nicht möglich, das totalisierende Phantasiebild der ganzen Geschichte nicht einzubeziehen. Aber wenn diese Totalisation auch nur der Möglichkeit nach real wäre, verlöre sie sowohl den Sinn als auch die Realität. So steht es um die historische Existenz. Die wahre Treue zum geschichtlichen Sinn verweist auf den transzendenten Ursprung, und dieser wiederum weist zurück in das ehrenvolle Geschehen der «Zeitung». Geschichtsphilosophie muß sich notwendigerweise selbst verneinen.

Das Gewicht der Stunde Null

Die Stunde Null naht, die Stunde des Jahreswechsels, jene geheimnisvolle Stunde, deren Geheimnis die Menschen im Getöse der Hupen, der Rufe und Wünsche, zu überdecken versuchen.

Die Stunde Null: man weiß nicht, ob sie noch zum alten oder schon zum neuen Jahr gehört; ob dann der Abend zu Ende geht oder der Morgen beginnt; ob man alles, was dem zu Ende gehenden Jahr angehörte, in der Seele verschließen, oder im Gegenteil eine frisch gebadete, neue Seele der Erwartung des künftigen Jahres öffnen soll.

Die Stunde Null: man rechnet mit sich ab, mit den anderen, und mit Gott. Man erwägt die verlorene, die vergeudete Zeit, die verwertete Zeit. Was habe ich aus diesen Minuten, Stunden, Tagen, Nächten gemacht, die mir noch geschenkt wurden, während andere schon gestorben sind?

Die Stunde Null: man blickt auf die noch weißen Seiten des Notizbuches. Man hofft, man fürchtet. Man faßt Entschlüsse: Dieses werde ich tun, jenes nicht mehr. Man hofft, man werde das Beschlossene wirklich tun, jenes nicht mehr. Man hofft, daß man das Beschlossene wirklich tun, daß einem die Kraft dazu geschenkt werde.

Plötzlich vertieft sich die Unermeßlichkeit der Erde – der so winzigen Erde für die Sonden, die um den Planeten Mars kreisen – die Unermeßlichkeit der Erde, wo schon ein Kilometer genügt, um den Schrei des Sterbenden, das Wimmern des Leidenden nicht mehr zu vernehmen, und wo so viele Schreie und Seufzer auf einmal mit diesem alten Jahr im Grabe oder im Museum der Geschichte untergehen.

Es ist die Stunde der großen Zweideutigkeit: Wo alles gleichzeitig zu verschwinden und nicht zu zählen scheint – und wo nichts zu verschwinden und alles absolut und für immer zu zählen scheint.

In der Stunde Null treffe ich mit dem vergangenen Jahr zusammen, und auch mit dem zukünftigen Jahr, mit der ganzen Vergangenheit und der ganzen Zukunft. Da wird mein künftiges Leben anwesend sein, und die vergangene und künftige Geschichte aller Menschen, die gelebt haben und die leben werden. Das alles, gleichzeitig, in meiner hohlen Hand festgehalten, dank der Stunde Null.

Aber all dies ist unwirklich, eine bloße Schwärmerei. Um die Stunde Null werden Vergangenheit und Zukunft nicht erreichbar sein. Ich werde denen, die gelitten haben, oder die leiden werden, nicht helfen. Ich werde das Böse, das ich getan habe, nicht wiedergutmachen, ich werde von dem, was in den nächsten Monaten zu tun wäre, nichts vollbringen. Auch werde ich nichts von dem Glück, dessen Fülle ich nicht festzuhalten wußte, oder von der Zeit, von der ich keinen Gebrauch machte, nachholen, nichts von dem verwirklichen, was das neue Jahr von mir verlangen wird. Das einzige, was wirklich von mir abhängen kann, wird die Art sein, wie ich der in der Stunde Null gegenwärtigen Welt begegnen werde, was ich in dieser Stunde tue oder lasse, und wie ich es tue oder lasse, die Dankbarkeit oder die Bitterkeit, mit der ich dem Entfliehen des vergangenen Jahres zusehen und die tätige Hoffnung oder die passive Verzweiflung, mit der ich dem beginnenden Jahr entgegentreten werde.

Diese Stunde Null, die schlagen wird und die für eine kurze Weile die allerletzte der Weltgeschichte sein wird, ist sie schon deswegen die schönste der Weltgeschichte? Oder ist sie im Gegenteil die schlimmste? Wir möchten sie gerne vor ein außerhalb der Geschichte stehendes Gericht zitieren, damit wir endlich ein klares Urteil über sie bekommen. Wir möchten eine klare und endgültige Bilanz vor Augen haben. Aber die

Argumente der Verteidiger und der Ankläger widerlegen einander und verhindern jeden endgültigen Spruch. Niemand leugnet die materiellen Fortschritte, doch behaupten viele, sie seien schädlich, wir seien dabei, unsere Seelen zu verkaufen; wir müßten lernen, das Materielle zu verachten. Ist das wahr? Und kann man wirklich, wenn man ein Mensch ist, das heißt die Einheit einer Seele und eines Körpers, das Materielle vom Geistigen trennen? – Ist das Vergnügen, sich nach einem Bad sauber zu fühlen, rein materiell? Ist es etwa ein rein materielles Vergnügen, die Vorzüge einer guten Küche festzustellen, indem zwischen Zunge, Gaumen und Nase die Feinheit einer Zivilisation, die Aufmerksamkeit eines liebenden Menschen, oder die stolze Kompetenz eines Kochs genossen werden? Ist sie etwa nur materiell, die Straße, auf der Sie gedankenlos dahinfahren, und die von Menschen, wie Sie selbst einer sind, gewollt, geplant und gebaut worden ist? – Diese Menschen, die Sie nicht kannten, haben auf Kosten einer Lebenszeit, die Sie ihnen nie entgelten werden, diese Straße gebaut, die Sie nun zuverlässig dorthin führt, wohin Sie Ihre Liebe oder Ihre Arbeit ruft.

Sind sie rein materiell, jene chemischen Produkte und chirurgischen Apparate, die Schmerz und Leiden lindern oder heilen, oder die das Leben Ihnen nahestehender Menschen verlängern? Sind sie noch rein materiell, jene Telephone und Flugzeuge, die Entfernungen, lange Abwesenheit und Trennung erträglicher machen, Erfindungen, von denen viele unter Ihnen Gebrauch gemacht haben oder Gebrauch machen werden, um die Stunde Null im Anblick eines bestimmten Gesichtes, im Anhören einer bestimmten Stimme zu erleben? Denken wir doch zurück an die Trennungen vergangener Zeiten, die Monate und Jahre dauerten, ohne daß der eine wußte, ob der andere tot oder lebendig war!

Gewiß, jede dieser Eroberungen hat neue Probleme und Gefahren mit sich gebracht. Nehmen wir aber an, jemand würde in der Stunde Null die Macht bekommen, diese Erfindungen zusammen mit der Zivilisation, die sie hervorbrachte, mit einem Schlag zu vernichten: Keiner – davon bin ich überzeugt – würde von dieser Macht Gebrauch machen. Diese Zivilisation wurde uns nicht auferlegt. Wir selber haben sie gewählt; wir werden sie heute nacht noch einmal wählen. Und es gibt kein Volk, sogar in der dritten Welt, das wagen würde, auf ihre Vorteile zu verzichten. Niemand kann für seine Nächsten den Hunger, die Pest, den frühen Tod wählen, wenn es Gegenmittel gibt.

Somit werden wir diese Zivilisation, um die Stunde Null, zweifach wählen: für uns und für all die anderen, die von ihr künftig das Verschwinden tausendjähriger, erdrückender Plagen erwarten.

Um die Stunde Null werden jedoch weder Flugzeug noch Telephon, noch Straßen, nicht einmal die Erleichterung des Leidens oder der Aufschub des Todes dem vergehenden und dem beginnenden Jahre einen Sinn geben. Weder Wohlstand noch Glück vermögen es, denn Wohlstand und Glück, so kostbar sie auch sein mögen, müssen manchmal dem Wesentlichen untergeordnet oder geopfert werden: nämlich einer in Freiheit erlebten Gegenwart, welche Freiheit für alle Menschen erhalten werden mußte; denn die Menschen bleiben durch alle Veränderungen im wesentlichen dieselben: bewußte, sterbliche, freie Wesen.

Um die Stunde Null werden viele Himmel und Menschen anklagen, sie werden behaupten, die Welt sei schrecklich und unerträglich. Andere werden die Wunder der Erde und den geschichtlichen Fortschritt loben. Die einen und die anderen werden recht haben, die einen und die anderen unrecht. Die Welt ist gleichzeitig schrecklich und wunderbar, und ob sie schrecklicher oder wunderbarer wird, hängt noch immer in einem bestimmten Maße davon ab, was ich in der Stunde meines Zusammentreffens mit der Welt in der Stunde Null tun oder lassen werde.

Winzige Stunde Null, konventionelle Grenze, die sich aus

verschiedenen Kompromissen, aus Berechnungen ergab, deren Grundlage das Kreisen der Erde um die Sonne war; eine Grenze, die nicht einmal für alle auf diesem Erdball lebenden Menschen zusammenfällt; fast ein Nichts zwischen dem, was nicht mehr, und dem, was noch nicht ist. Durch sie und in ihr besteht noch das vergangene Jahr und die ganze Vergangenheit; in ihr und durch sie ist schon das künftige Jahr da; in ihr und durch sie dringt die Ewigkeit – wenn es sie gibt – in unsere Zeit.

Konventionell, aber privilegiert wird diese Stunde, denn wir werden sie gemeinsam feiern, indem wir uns selbst gegenseitig feiern. Lassen wir uns alle durch das Fest mitreißen und einigen, damit für eine kurze Weile jede Einsamkeit verschwinde, selbst für jene, die allein sind, verlassen, krank oder arm. Bleiben wir jedoch jeder allein, im Trubel des Festes, jeder mit der ihm eigenen Gegenwärtigkeit, Vergangenheit und Zukunft.

Denn auch vor und nach der Stunde Null ist jede Stunde die Stunde Null gewesen und wird es wieder sein. Jede Stunde verdient, gefeiert zu werden, selbst während der Arbeit, selbst durch die Arbeit, von allen und jedem allein, als letzte und als erste Stunde, als einzige Stunde, in der jeder von uns faktisch der Welt begegnet, als einzige Stunde für seine Freiheit.

Die Stunde Null, fast nichts und doch ganz, wie die Freiheit selbst. Nehmen wir sie auf, zwischen der müden Vergangenheit und der unbekannten Zukunft, feiern wir sie, schwören wir ihr und uns, sie im neuen Jahr zu wiederholen. Jede Stunde der sogenannten banalen, alltäglichen Zeit bedarf nur unserer freien Gegenwart, um selbst auch eine Stunde Null zu sein.